Zu diesem Buch

»Erzählt wird die Liebesgeschichte zwischen einer Frau, Lou aus Toronto, und einem Bären. Eine konkrete Liebesgeschichte übrigens, keine mystische Urszene im Nirgendwo des sogenannten Unterbewußtseins, konkret sowohl in den sodomistischen Details als auch in der luziden historischen Situierung des Geschehens. Lou ist Bibliothekarin, geschichtsbewußte Kanadierin, und sie begegnet dem Bären auf der Suche nach dokumentarischem Material zu Kanadas Siedlungsgeschichte. Diese Suche geht leer aus. Was Lou vorfindet im verlassenen Haus jenes alten Siedlerpioniers Cary, ist importiertes Europa: eine komplette Bibliothek des viktorianischen Zeitalters, verschleppt mitten in die Wildnis. Auch der Bär entpuppt sich als Import, als romantisches Maskottchen gewissermaßen. Denn Pionier Cary ahmte, indem er sich den Bären an der Kette hielt, nur Lord Byron nach. Seltsamerweise wird Lou gerade von der romantischen Vereinnahmung des Bären stimuliert. Sie sucht in ihm den Über-Mann, stark, gütig und scharf; durchaus phallozentrisch spitzen ihre Wünsche sich zu. Indem sie mit ihm spielt und schwimmt, wähnt sie das angekettete Totemtier zu befreien, doch es wird immer deutlicher, daß sie es mißbraucht, daß die Fremdheit zwischen ihnen unaufhebbar bleibt – unergründlich der Bärenpelz, in den sie forschend eindringt: kein Märchenprinz verbirgt sich darunter. Trotzdem, wenn sie miteinander spielen, scheint manchmal der Bär aus seiner Abwesenheit zu erwachen, ist es, als schlage für wenige beiläufige, schmerzliche Momente Natur gleichsam die Augen auf. Für Lou sind es Augenblicke der Entsagung, deren wilder, ausschließlich sensueller ›Sinn‹ sich ihr erst im Rückblick erschließt. Die eigenwillige und eigentümliche Geschichte eines aufregenden, lehrreichen Scheiterns. Kein Wunder, daß die Novelle ›Bär‹ Marian Engel schlagartig berühmt machte.« (»Die Zeit«)

Marian Engel, geboren 1933 in Toronto, lebte in Montreal, London, Aix-en-Provence, Nicosia und seit 1964 wieder in Toronto. »Bär« ist das erste Buch der in Kanada sehr bekannten Schriftstellerin, das in Deutschland erschien. Marian Engel starb 1986.

MARIAN ENGEL

BÄR

NOVELLE

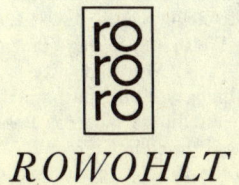

ROWOHLT

Die Autorin dankt dem Canada Council und dem
Arts Council of Ontario, die die Arbeit an diesem
Buch finanziell unterstützten.
Weiter dankt die Autorin Dr. Robert Brandeis, Bibliothekar am Huron College, London/Ontario, für seine
Hilfe bei bibliographischen Arbeiten.

Veröffentlicht im Rowohlt Taschenbuch Verlag GmbH,
Reinbek bei Hamburg, Juli 1989
Copyright © 1976 by Marian Engel
Die Originalausgabe erschien unter dem Titel »Bear«
im Verlag McClelland and Stewart Ltd., Toronto
Copyright © 1986 by Weismann Verlag Frauenbuchverlag GmbH,
München
Umschlaggestaltung Barbara Hanke
Gesamtherstellung Clausen & Bosse, Leck
Printed in Germany
780-ISBN 3 499 12309 6

*Für John Rich, der weiß,
wie Tiere denken*

*»Kunst werden die Dinge der Wirklichkeit durch
Liebe, die sie miteinander verbindet und
auf eine höhere Ebene der Realität hebt; und
in der Landschaft drückt sich diese all-
umfassende Liebe im Licht aus.«*

Kenneth Clark
Landschaft und Kunst

1

Im Winter lebte sie wie ein Maulwurf, tief vergraben in ihren Papieren, und wühlte zwischen Karten und Manuskripten. Sie wohnte nicht weit von ihrem Büro und erledigte ihre Einkäufe auf dem Weg zum Institut, eilte hastig, ohne Zeit zu verlieren, durch den Schlauch des Winters von Zufluchtsort zu Zufluchtsort. Sie mochte die kalte Luft auf ihrer Haut nicht.

Ihr Zimmer im Keller des Instituts lag dicht bei den Heizungsrohren und war schützend gesäumt von Büchern, hölzernen Aktenschränken und uralten, vergilbten, gerahmten Photographien von Leuten und Plätzen, die man dort nicht erwartet hätte. General Booth und die Heimatstadt von irgend jemandes Großmutter, Frankreich aus der Luft im Jahr 1915, Gruppenbilder von Sportlern und Frontsoldaten; Dinge, die Leute ihr brachten, weil sie nichts zurückwies, weil es ihr Beruf war, alles aufzubewahren.

»Schmeißen Sie nichts weg«, sagten die Leute. »Schaffen Sie alles zum Historischen Institut. Möglich, daß die es gebrauchen können. Er ist vielleicht doch bedeutender gewesen, als wir dachten, auch wenn er ein Säufer war.« Dank jener Freigiebigkeit hatte sie also bekommen: eine Weihnachtskarte aus dem Schützengraben mit einem aufgeklebten Zelluloidstiefel; ein Gedicht an die Stadt Chingacousy auf Pergament und mit einer Haarlocke verziert; eine signierte Fotografie des Gründers einer Samenhandelsgesellschaft, die längst von einem Konkurrenten geschluckt worden war. Belanglose Kleinigkeiten, die ihr halfen, sich daran zu erinnern, daß es vor langer Zeit eine Außenwelt gegeben hatte, daß das Heute mehr war als nur ein Gestern mit seinem Papier, das vergilbte, und seiner Tinte, die braun wurde, und seinen Landkarten, die fast zerfielen, wenn man sie auseinanderfaltete.

Doch wenn das Wetter umschlug und die Sonne sogar durch ihre Kellerfenster sickerte, wenn in den Sonnenstrahlen der Frühlingsstaub wirbelte und die alten Blechaschenbecher anfingen, nach einem Winter voller Nikotin und Besinnlichkeit zu stinken, wurden die Risse in ihrer trägen kleinen Welt selbst für sie sichtbar, denn obwohl sie alte, schäbige Dinge liebte, Dinge, die schon einmal geliebt und erlitten worden waren, Gegenstände mit Vergangenheit, schämte sie sich doch, wenn sie sah, daß ihre Arme bleich wie Nacktschnecken und ihre Fingerspitzen von uralter Tinte gemasert waren, daß der Reliktenkram, mit dem sie ihre Pinnwände pflasterte, verknittert und wertlos war, und daß sie ihre Augen nicht mehr auf das Licht einstellen konnte, denn die Vorstellung von einem lebenswerten Leben, die vor sehr langer Zeit ihrer Seele aufgeprägt worden war, unterschied sich beträchtlich von allem diesem, und sie litt unter dem Gegensatz.

Doch in diesem Jahr sollte sie dem beschämenden Moment der Erkenntnis entrinnen. Der Maulwurf würde nicht zugeben müssen, daß er eigentlich eine Antilope hätte werden wollen. Der Direktor fand sie zwischen ihren Aktenordnern und aufgerollten Landkarten, und während er feierlich unter einer Reihe von Familienporträts stand, die dem Institut mit der Begründung geschenkt worden waren, es wäre ketzerisch, sie – wie es damals Mode war – ins Badezimmer zu hängen, verkündete er, daß die Sache mit dem Cary-Nachlaß nun endlich zugunsten des Instituts entschieden worden sei.

Er sah sie an, sie sah ihn an – es war geschehen. Endlich einmal hatte man ihnen etwas wirklich Wertvolles hinterlassen, anstelle der ewigen Anwesenheitstestate für die Sonntagsschule, alten Auswanderungspapiere, Briefumschläge mit Sonntagsfotos von unbekannten Farmern und verblichenen Liebesbriefe.

»Du gehst am besten gleich packen«, sagte er, »und fährst rauf und machst dich an die Arbeit. Die Abwechslung wird dir gut tun.«

Vier Jahre zuvor hatten sie aus dem Brief einer Anwaltskanzlei in Ottawa erfahren, daß der Reinnachlaß aus dem Besitz von Colonel Jocelyn Cary –

Cary Island mit dem Landsitz Pennarth und allem, was sich in den dazugehörigen Gebäuden befand, eingeschlossen – dem Institut zufallen würde. Die Anwälte fügten hinzu, daß sich nach ihrem Wissen in Pennarth eine umfangreiche Bibliothek, mit wichtigem Material über die Anfänge der Besiedlung jener Region, befände.

Lou und der Direktor durchforschten ihre Unterlagen nach Hinweisen auf Cary und schickten wissenschaftliche Mitarbeiter hinüber ins Provinzarchiv. Sie förderten eine Aktennotiz in der archaischen Handschrift von Lous Vorgängerin, Miß Bliss, zutage, den Besuch einer gewissen Colonel Jocelyn Cary im Jahre 1944 betreffend, in dessen Verlauf die Erbschaft zur Sprache kam. Der Direktor war damals in Übersee; das Institut verödete. Nichts wurde unternommen, dem Angebot nachzugehen, und als Lou die Phase des Erwachsenwerdens hinter sich hatte und anfing, am Institut zu arbeiten, war Miß Bliss längst dem Alkohol verfallen und hatte ihre Akten mit vielen unmöglichen Vorschlägen gespickt.

»Trotzdem«, sagte der Direktor vorsichtig, »sollten wir uns nicht zuviel erhoffen. So etwas ist noch nie vorgekommen.«

Die Angehörigen gingen natürlich vor Gericht. Sie hatten entdeckt, daß Cary Island kein isolierter Außenposten in einem einsamen Fluß mehr war; dank Autos, Motorbooten und langer Ferien, Schneefahrzeugen und Bargeld hatte es sich in eine Immobilie verwandelt.

Während der Direktor versuchte, auf Kosten der Provinzregierung juristischen Beistand zu organisieren (denn das Institut war nach und nach vom Staat übernommen worden), wühlte Lou in der Bibliothek und plagte sich mit den Akten herum; die ganze Zeit während der Arbeit betete sie zu Gott, daß bei der Sucherei genug herauskommen möge, um ihrem Thema Konturen zu verleihen. Sie war zu der Erkenntnis gelangt, daß sich die kanadische Überlieferung insgesamt großer Diskretion befleißigte. Alle Hinweise darauf, daß ein Vorfahr irgend etwas anderes getan hatte als Beten oder Arbeiten, waren in der Regel getilgt. So wurden Familien im nachhinein auf bequeme Weise respektabel, aber das Ganze war, wie sie und der Direktor oft beklagten, das Ende jeglicher soliden Geschichtsforschung. Wenn Cary genug Geld und genug Energie gehabt hatte, so weit im Norden ein Haus zu bauen und es mit Büchern zu füllen, mußte er ungewöhnlich gewesen sein. Ihre Aufgabe war es herauszufinden, wie ungewöhnlich, und in der Zwischenzeit konnte sie nur zu allen Göttern, Musen und Parlamentsmitgliedern beten, die sich der Angelegenheiten des Instituts annahmen, daß bei alledem genug herauskommen würde, um das verschwommene Negativ der Geschichte jener Region zu entwickeln.

Jene Colonel Cary, die sie beerbten, hatte eine Liste der Verdienste ihres Vorfahren hinterlassen. Daraus ging hervor, daß der alte Colonel, geboren im Jahr des Ausbruchs der Französischen Revolution als Sohn einer angesehenen, aber nicht adeligen Dorseter

Familie, in jungen Jahren Soldat wurde und während der Napoleonischen Kriege in Portugal und Sizilien diente. Im Alter von zwanzig Jahren heiratete er eine Miß Arnold, deren Vater Adjutant bei den in Messina stationierten Truppen war. Er hatte den Aufstieg aus dem Mannschaftsstand der Artillerie geschafft, hatte mit seiner Frau eine ganze Reihe Kinder gezeugt, hatte mit Auszeichnung eine ganze Reihe Schlachten in der Poebene absolviert und war nach Beendigung der Kriege mit seiner Sippe nach England zurückgekehrt – ohne Beschäftigung.

Die Richtigkeit dieser Informationen wurde durch Verweise auf Besitz- und Ernennungsurkunden, militärische Empfehlungsschreiben und ehrenvolle Erwähnungen bestätigt.

Die Idee, auf einer Insel zu leben, hatte sich im Colonel während seines Militärdienstes festgesetzt, schrieb die Enkelin. In der Familie ging die Sage, daß er an einem heißen Sommertag während seiner Stationierung auf Malta die Augen schloß, einen Atlas der Neuen Welt aufschlug und mit einer Nadel genau Cary Island traf.

Lou stellte sich ihn vor, wie er auf einer Munitionskiste saß, von Sommerruhr geplagt und nach kühlem Wasser lechzend. Eine Nadel war da nicht nötig. Nachdem er in England vergeblich nach einer Beschäftigung gesucht hatte, verkaufte er alles, was er dort besaß, und zog 1826 mit seiner Familie nach Toronto, damals York.

So weit, so gut. Er stand im Register. Cary. Colonel John William. Shuter Street, Nummer 22. Gentleman.

Doch erst 1834 erhielt er das Privileg (»Ihro Bittsteller thut unterthänigst kund...«), Cary Island zu besiedeln, nachdem er zugesagt hatte, eine Sägemühle zu bauen und für den Handel in der Region ein Segelschiff zur Verfügung zu stellen.

»Meine Großmutter«, schrieb die Enkelin, »weigerte sich allerdings, noch weiter in die Wildnis zu ziehen und sich den Unbilden des Nordens auszusetzen. Sie hatte ein südländisches Temperament, wenn sie nicht sogar südländischer Abstammung war. Der Colonel sah sich gezwungen, sie mit ihren Töchtern und den jüngeren Söhnen in York zurückzulassen. Er ging mit seinem zweiten Sohn Rupert in den Norden (ich glaube, der Älteste, Thomas Bedford Cary, war von schwacher Konstitution, denn er wurde bereits 1841 auf dem Necropolis-Friedhof beigesetzt) und lebte für den Rest seines Lebens in größter Einfachheit auf der Insel.«

Von offizieller Seite fanden sich nur sehr wenige Erwähnungen Carys. Vermerkt waren seine Bittschrift betreffend die Ansiedlung auf Cary Island und später die vollständige Erwerbung der Insel, finanziert durch den Verkauf seines Offizierspatents. Mrs. Henriette Cary lebte weiterhin an guten Adressen in York, auch als es längst Toronto hieß, wie man den Melderegistern der Stadt entnehmen konnte. 1836 wurde der Colonel zum Gouverneur des Nördlichen Distrikts ernannt.

Und 1869, im Alter von neunzig Jahren, in Sault Ste. Marie mit militärischen Ehren beigesetzt.

Es waren die Jahre auf Cary Island, die Lou jetzt recherchieren und erhellen sollte. Denn das Institut hatte das Verfahren kostenpflichtig gewonnen, und sie war beauftragt worden, den Besitz in diesem Sommer zu inspizieren. Die Anwälte und die Verwalter des Besitzes rieten nur noch zu warten, bis das Wetter so war, daß sie sich in Pennarth, wo es nie eine Zentralheizung gegeben hatte, wohl fühlen würde.

2

Am 15. Mai belud sie ihren Wagen mit Aktenordnern, Papier, Karteikarten, Notizbüchern und einer Schreibmaschine. Sie hatte ihre alten Campingsachen ausgegraben – mottenzerfressene Filzjacken, Wanderstiefel, einen Schlafsack aus Jugendzeiten. Der Direktor bot ihr die Hand zum Abschied, zog sie jedoch angesichts des Geruchs nach Mottenkugeln wieder zurück.

»Der Mann, an den du dich wenden mußt, heißt Homer Campbell. Bei Fishers Falls fährst du ab vom Highway 17 und dann über die Landstraße bis zu einem Ort namens Brady. Dort biegst du an der Kreuzung links ab und fährst am Flußufer entlang, bis du zu Campbells Marina kommst. Homer gibt dir ein Boot, er wird dich zur Insel bringen. Gestern habe ich mit ihm gesprochen. Er sagt, er hätte einen neuen Propangastank installiert und das Haus für dich putzen lassen.«

Die Straße führte nach Norden. Sie folgte ihr. Fast

am höchsten Punkt des Höhenzuges kam sie an einen Rubikon. Als sie ihn überquerte, begann sie, sich frei zu fühlen. Gen Norden ins Hochland brauste sie, ihr Kopf war leicht.

Aus der Inventarliste der Anwälte für das Haus und die Nebengebäude ging hervor, daß sie an zusätzlicher Ausstattung nicht viel brauchen würde. Das Haus war keine Blockhütte. Es hatte sechs Zimmer, von denen eines eine Bibliothek war. Es gab viele Sofas, viele Tische, viele Stühle. Sie sah die ausgestreckten Beine der Anwälte vor sich, während sie die Liste aufgesetzt hatten. Sie spürte, daß alles sehr gemütlich werden würde.

Das Land vibrierte vor frischem Grün. Als sie die Bucht überquerte, fröstelte sie auf dem Deck der Autofähre, mit deren Hilfe die Stücke des zerbrochenen Kalksteinbogens aus Inseln miteinander verbunden blieben. Möwen schwebten durch die Luft, und in der Ferne tutete ein Nebelhorn. Sie passierten eine große Insel, auf der zu wohnen sie sich ihr Leben lang gewünscht hatte, und eine kleine, auf die man sie als Kind einmal mitgenommen hatte und von der die Indianer sagten, sie sei verhext. Sie erinnerte sich, wie sie mit einem großen Segelschiff hinausfuhren, landeten und entdeckten, daß sämtliche Pfade von Giftsumach überwuchert und in Dunkel getaucht waren, von Pflanzen, so groß wie sie selbst. Ihre Eltern hielten Ausschau nach Fransenenzian und Sumpfherzblatt. Während sie suchten, stand sie wie gebannt vor der leergesaugten Hülle der größten

Libelle der Welt, die an einem Hüttenfenster in einem Spinnennetz hing.

Kleine Inseln trieben unschuldig auf den Wellen, von Glockentonnen in den Schlaf gesungen.

Um diese Jahreszeit waren nicht viele Passagiere an Bord: einige Jäger, ein paar Indianer in magentaroten Filzjacken, ein altes Paar, das Seite an Seite oben auf der Kajütentreppe saß und las. Eine französischsprechende Familie in neuer, pastellfarbener Sportkleidung. Die traditionelle Vorstellung, daß alles, was man draußen anzog, schlampig und schmutzig und mindestens vierzig Jahre alt sein mußte, schien für niemanden mehr zu gelten, außer für sie. Sie dachte an einen Bekannten, der gesagt hatte, es wäre unmöglich geworden, eine Frau zu finden, die nach sich selbst roch.

Es begann schon zu dämmern, als sie den Landesteg der Fähre anliefen. Sie entsann sich deutlich, schon einmal hier gewesen zu sein. Sie erinnerte sich an einen Strand, an einen silbernen See, daran, daß etwas Trauriges geschah. Ja, etwas, das geschah, als sie sehr klein war, ein Verlust. Es erschien ihr sonderbar, daß sie niemals in diesen Teil der Welt zurückgekehrt war.

Während sie darauf wartete, daß ihr Wagen von der Fähre gefahren wurde, beobachtete sie, wie die Indianer in einen neuen weißen Kastenwagen stiegen.

Da die Fahrt mit der Fähre wie immer sehr viel Zeit gekostet hatte, war es zu spät, um Campbells Marina vor Anbruch der Dunkelheit zu erreichen. Sie nahm ein Zimmer in einem Motel an einem verlassenen Strand und verbrachte den Abend damit, am Wasser entlangzuschlendern und den Vögeln zu lauschen.

»Ich habe das seltsame Gefühl«, schrieb sie auf eine Postkarte an den Direktor, »wiedergeboren zu sein.«

Als sie am nächsten Morgen von der Insel abfuhr, spürte sie, wie beim Anblick der kahlen Bergfelsen von Algoma ihr Herz taumelte. Wo bin ich gewesen? fragte sie sich. Ist ein Leben, das sich nunmehr als Abwesenheit entpuppt, überhaupt ein Leben?

Eine Zeitlang hatten sich die Dinge schlecht für sie entwickelt. Sie hätte kein spezielles Problem benennen können; es schien eher so, als wäre das Leben im allgemeinen gegen sie. Hartnäckig bestanden die Dinge darauf, sich immer wieder grau zu färben. Obwohl sie zunächst geschwelgt hatte in der belesenen Abgeschiedenheit ihres Berufes, in dem Schutz gegen die Gemeinheiten der Welt, die er bot, spürte sie nun, nach fünf Jahren, daß er sie unverhältnismäßig alt gemacht hatte, daß sie genauso alt war wie die vergilbten Papiere, mit deren Auseinanderfalten sie ihre Tage verbrachte. Wenn sie zuweilen den Blick von der Vergangenheit abwandte und die Gegenwart betrachtete, verschwamm diese vor ihren Augen und war so wenig greifbar wie eine Fata Morgana. Obwohl sie mit dem Direktor darüber gesprochen hatte, der ihren Gemütszustand als Überarbeitung abtat, mochte sie sich nicht damit zufrieden geben, daß sie das eine Leben, das ihr gegeben war, auf diese Weise leben sollte.

Es war spät, als sie bei Campbells Marina parkte. Sie ging in den aus Zementblöcken gebauten Laden und fragte nach Homer Campbell. Der Mann hinterm Ladentisch mit dem runden Gesicht gab sich zu erkennen.

»Sie müssen die Dame vom Institut sein, von der Mr. Dickson mir geschrieben hat«, sagte er. »Sie waren aber wirklich schnell. Wir können noch heute abend rüberfahren.« Er rief seinen Sohn und begann sofort, ihren Wagen auszuladen. Als sie wegen der Schreibmaschine ein wenig nervös wurde, warf er ihr einen mitleidigen Blick zu.

Er war mittleren Alters und ein fröhlicher Mensch. Sein Sohn Sim hatte fahle Augen, fahles Haar, ein Geist, ein Albino, der schweigend Kisten mit Vorräten, die für sie bereitstanden, in ein zweites Motorboot lud. Homer sprach schnalzend und schnurrend zu seinem Sohn, wie man zu einem Tier sprechen würde. Der Sohn hatte große Füße, war schüchtern, zurückhaltend: vierzehn, fünfzehn Jahre, schätzte sie.

Sie kam sich unbeholfen vor, als sie in dem Motorboot Platz nahm: sie schien nicht mehr zu wissen, wie man sich bückte. Homer versuchte ihr zu zeigen, wie der Motor funktionierte, aber sie fühlte sich unendlich weit entfernt.

Sie hatte die Flußkarten studiert. Sie wußte, daß Cary Island einige Meilen flußaufwärtes von der schilfigen Flußmündung lag, in die sie nun eindrangen. Nach der Karte zu schließen, war die Stelle denkbar günstig, aber sie wußte bereits, daß der Colonel nicht bedacht hatte, daß der Fluß trotz seiner weiten Mündung weiter aufwärts zu einem Bach verflachte, so daß Carys versandetes Refugium isolierter lag, als ein Kartograph vermutet hätte. Aus seiner Sägemühle war, wie sie gelesen hatte, deshalb nichts geworden, weil der elegante, englisch anmutende Fluß gerade genug Wasser lieferte, um an einem Tag pro Woche das Rad zu drehen.

Homer sprach sehr laut mit ihr, um das Dröhnen des Motors zu übertönen. Er schien ein redseliger Mann zu sein. Sie interessierte sich mehr für die magischen Formen um sie herum, für die Art, wie felsige Schroffheit rasch in Sand und Birken überging, wie Inseln, nicht größer als Sandbänke, von verrammelten alten grünen Häuschen gekrönt wurden, die zu dieser Jahreszeit verlassen und verwahrlost aussahen. In diesem Land, dachte sie, haben wir Winterleben und Sommerleben, die sich grundlegend voneinander unterscheiden.

Sie glitten über den eisigen Fluß, mit Sim in einem silberglänzenden Aluminiumboot im Schlepp.

»Sie sind nicht allzu weit vom Schuß«, brüllte Homer. »Trotzdem sollten Sie darauf achten, daß Sie immer genügend Benzin im Tank haben, falls Sie Hilfe brauchen. In dieser Jahreszeit werden Sie mit Stürmen keine Probleme haben, aber bei Ihnen könnte der Blitz einschlagen oder Sie könnten sich eine Halsentzündung holen oder so was. Joe King lebt da drüben, wenn er im Winter seine Fallen auslegt; und seine Tante, Mrs. Leroy, sie ist eine alte Indianerin, die wohnt drüben auf Neebish bei ihrer Nichte, Sie werden also keinen unerwarteten Besuch kriegen.

Es gibt einen Holzofen und einen Gasofen und ein paar Kamine. Außerdem hatten die noch so eine transportable Ofenheizung, die haben Joe und ich rausgeschafft, das Ding war verdammt gefährlich. Joe hat Ihnen den Holzschuppen aufgefüllt, die alte Dame hat das Haus für Sie ausgefegt, Sie werden sich schnuckelig fühlen wie bei Muttern zu Haus. Sie erkennen sie bestimmt, falls sie mal vorbeikommen sollte. Sie ist steinalt und hat keine Zähne mehr.«

Das Boot war alt und aus Zedernholz, aber der Außenbordmotor war neu. Homer versicherte ihr, daß es nicht mehr so stark lecken würde, wenn es eine Weile im Wasser gelegen hätte. Im Bootshaus gab es ein Kanu; er wüßte nicht, in welchem Zustand es sei. Er hätte das Boot mit einem seiner eigenen leichten Motoren ausgerüstet, denn er sei davon ausgegangen, daß sie keine Lust hätte, das große 20 PS-Monstrum zum Haus hochzuschleppen, wenn sich das Wetter verschlechterte. Am wichtigsten sei es, ihn immer sauber und trocken zu lagern und dafür zu sorgen, daß stets Benzin im Tank war.

Ein mächtiges Nebelhorn ertönte. Ganz gegen ihre Natur zuckte sie zusammen. Homer lachte. »Klingt wie eine Kuh, die einem direkt ins Ohr trompetet, stimmt's? Die Fahrrinne für die großen Schiffe ist bloß vier, fünf Meilen von Ihrem Haus entfernt. Es wird ein gutes Jahr. Der Fluß ist schon früh eisfrei.«

Dieses stille, niedrige Eiland also war Cary Island. Riedgras am Ufer, dahinter unbekannte Steine und Bäume. »Da ist die Spitze. In einer Minute werden wir sie passieren.« Etwas Zärtliches lag in Homers Stimme, er schien den Ort zu lieben. Er schaute sie an, dann sah er fort.

Als sie die Flußbiegung hinter sich hatten, wies er hinüber zum Land, und sie sah das Haus, das weiß vor dem dunklen Himmel aufragte. Sie holte tief Luft und wartete; dann, als sie nahe am Steg waren, sah sie, daß sie recht gehabt hatte mit ihrer Vermutung: das Haus war ein klassisches Fowler-Oktagon.

»Toll«, sagte sie.

»Nicht schlecht, stimmt's?«

»Es ist in den Führern nicht erwähnt. Es gibt ein Verzeichnis von solchen Häusern.«

»Tja, wir hier oben sind ziemlich zurückhaltend. Wer nicht in einem Boot rumdüst, weiß von dieser Stelle nichts; und von uns erfährt niemand etwas. Wir schicken die ganzen Touristen flußabwärts, da können sie das Haus begaffen, wo Longfellow angeblich dieses Indianergedicht geschrieben hat, drüben am Hauptarm des Flusses. Diesen Platz hat man irgendwie vergessen, und wir hier aus der Gegend finden das ganz gut so. Ist 'ne Wucht, stimmt's? Warten Sie ab, bis Sie irgendwann mal an einem Julimorgen allein hier raufkommen. Das ist das Größte. Nimm die Leine kürzer, Sim.«

Sie legten an einem schmalen Steg an, und ehe sie richtig auf ihren zwei Beinen stand, hatten Sim und Homer das Boot schon halb entladen.

»Die Verwandten waren ganz schön sauer, als Ihr Laden das alles erbte«, fuhr Homer fort. »Sie wollten die ganze Insel in Grundstücke für Ferienhäuser aufteilen. Die Regierung erlaubt das jetzt nicht mehr. Kommen Sie mit hoch, ich zeige Ihnen alles von innen.«

Sie schwankte unter dem Gewicht ihrer Koffer, während sie Homer die Böschung hinauf und über eine große grüne Wiese (»Sim wird das für Sie mähen«) zur Veranda des Hauses folgte.

»Ich hoffe, Sie kommen ohne elektrisches Licht zurecht«, sagte Homer. »Es gibt ein paar Gaslampen, aber die sind nicht besonders hell. Sie werden an einem Fenster arbeiten müssen. Fenster gibt's ja genug.«

Sie stand da, starrte das Haus an und ließ seine Worte an sich vorbeirauschen. In der Dämmerung sah es aus wie ein zahmes Monster. Seine breiten Veranden überschatteten die Fenster im Erdgeschoß. Hohe Bäume wölbten sich darüber.

»Schwarzbirken«, sagte Homer. »Mit diesen Bäumen ist irgendwas besonderes; an einem heißen Augusttag ist es darunter kühler als irgendwo sonst.«

»Ich weiß nicht, ob ich bis August hierbleibe«, murmelte sie.

»Freiwillig ist hier noch nie jemand gerne weggegangen. Die Enkelin aus Cleveland hätte ihre Augäpfel dafür hergeschenkt. Tausende hat sie ausgegeben, um zu verhindern, daß es an Ihren Laden ging. Hier, ich habe die Schlüssel.«

Es war so lange her, seit sie das letzte Mal einen dieser langen Hausschlüssel mit Bart gesehen hatte, daß sie nicht mehr wußte, wie man sie nannte.

»Bevor die Motorschlittenfahrer auftauchten, brauchte ich nicht abzuschließen«, sagte Homer. »Alles hat Vor- und Nachteile.« Ihre Schritte auf der Veranda klangen dumpf.

Homer öffnete die Vordertür. Sie trat ein und setzte ihre Taschen in der Eingangshalle ab. Um sie herum nichts als Türen und Fenster. Vor ihr lag eine breite Treppe, die zum oberen Stockwerk des Hauses führte.

Geruch nach Heizöl. Geruch nach Mäusen. Geruch nach Staub (letzte Sonnenstrahlen fielen schräg durch kleine alte Fensterscheiben). Homer stand mit einem beinahe entschuldigenden Ausdruck neben ihr und wartete auf ihr zustimmendes Lächeln. Sie blickte die Treppe hinauf, nach links, nach rechts, und schnupperte. Ein weiterer Geruch, moschusartig, undefinierbar, aber angenehm. Homer wandte sich nach rechts, öffnete eine Tür und stellte ihre große Schreibmaschine auf einen Tisch in einem düsteren Zimmer. Der Junge kam mit den Kleidersäcken. Peng. Plumps. Er ging zurück, um weitere Sachen zu holen.

»Diese Häuser sind mehr oder weniger rund«,

sagte Homer. »Kommen Sie, ich führe Sie herum. Wissen Sie, wie man eine Kerosinlampe anzündet?«

»Ja.«

»Zeigen Sie mal.« Eine kunstvolle Lampe aus Milchglas hing von der Decke des Zimmers, in dem sie stand, aber Homer zog von irgendwoher eine Blechlampe hervor, die aussah wie eine Eisenbahnerlaterne. Sie zündete die Lampe an, und im Schein des Lichtes war der Raum plötzlich voll von Sofas, Tischen mit gebogenen Beinen, Pflanzenständern und toten Farnen. »Sie interessieren sich wahrscheinlich mehr für die Küche. Die ist da drüben. Wissen Sie noch, wie die Luftklappen an einem Holzofen funktionieren?«

»Nein.«

»Ich zeig's Ihnen, wenn wir die große Runde hinter uns haben. Sie werden's brauchen, damit Sie's sich in der Früh ein bißchen warm machen können. Es kann sogar noch Schnee geben hier oben, müssen Sie wissen.«

Im Gegensatz zum Salon, der sich über zwei Seiten des Oktagons erstreckte, nahm die Küche nur eine Seite in Anspruch. Neben dem Holzherd stand ein moderner Propangasofen, ein Rollschrank mit einer Küchenmaschine und ein Spülbecken aus Blech mit einer Pumpe.

»Draußen gibt es eine bessere«, sagte Homer. »Bei dieser hatten wir immer Probleme mit der Ledermembran. Das nächste Zimmer ist eine Art Kombination von Holzschuppen und hinterer Diele, es führt hinaus zum richtigen Holzschuppen. Da draußen gibt es einen Hof und ein Hinterhaus. Lucy hat alles richtig gut saubergemacht, stimmt's? Hier drin, das nächste Zimmer, ist so 'ne Art Elternschlafzimmer. Das Bett sieht 'n bißchen durchgelegen aus. Sie hat ihnen Holz für ein Feuer zurechtgelegt. Hier, ich zünde es für Sie an, und dann gehen wir nach draußen, hinter's Haus, und ich zeige Ihnen, was wo ist. Nehmen Sie die Vordertür und kommen Sie dann ums Haus. Die Hintertreppe ist übel bei Nacht.«

Es war inzwischen merklich dunkler geworden, und die Luft war feucht und kühl. Sie fröstelte, als sie Homer zur Südseite des Hauses folgte, wo er ihr die Außenpumpe mit dem langen Schwengel und das Plumpsklo zeigte, ein Holzverschlag zwischen einer Reihe von Schuppen außerhalb des Hofes. Es handelte sich um einen Zweisitzer, und belustigt stellte sie fest, daß die Deckel emaillierte Reflektorbleche von altmodischen Straßenlaternen waren, mit Rillen wie bei Tortenrändern.

Sie machte Anstalten, ins Haus zurückzugehen, denn es war dunkel, und sie war müde und fror, aber Homer blieb stehen, sah sie unbehaglich an und trat von einem Fuß auf den anderen. Sie fragte sich, ob er vorhatte, sie zu berühren oder anzumachen. Sie wollte ins Haus und sich einrichten. Der Tag war so voll gewesen; es gab vieles, worüber sie nachdenken mußte. Sie war ungeduldig.

»Hat Ihnen jemand«, fragte er, »von dem Bären erzählt?«

3

Es hatte, so schien es, immer einen Bären dort gegeben. Jener Lord Byron, nach dem der erste Colonel so verrückt war, hatte sich einen Bären gehalten. Der Colonel hatte einen Bären gehalten. Es gab noch immer einen Bären. Joe Kings Tante, Lucy Leroy, hundert Jahre alt, falls man ihnen glauben konnte, hatte den Bären versorgt, nachdem Colonel Jocelyn gestorben war. Aber Lucy war fort. Er war jetzt hinten. Er würde wohl schlafen. Aber sie mußte alles über den Bären erfahren.

»Ich habe nicht viel übrig für Bären. Ehrlich gesagt, ich mag Haustiere nicht besonders. Ich mag Hunde, wenn sie gute Apportierhunde sind, und alle Jubeljahre hab ich auch mal so ein Geschöpf bei mir aufgenommen, wenn es verletzt war, aber die Carys hatten diesen Tick, einen Bären halten zu müssen, und als Colonel Jocelyn starb, was sollte man da machen? Er war ja nun mal da. Also haben wir ihn behalten, ohne den Anwälten groß was davon zu erzählen. Joe und Lucy haben sich um ihn gekümmert. Er hat da hinten seinen eigenen Schuppen – das frühere Blockhaus. Sie kommen aus Toronto, Sie werden sicher ganz entzückt sein von dem Blockhaus. Er ist ein richtig alter Bär, aber nicht übermäßig mürrisch.

Ich wußte nicht, was ich tun sollte, als man mir sagte, sie würden eine Frau hier rauf schicken. Ich hatte einen Mann erwartet, weiß nicht, warum.

Er ist da und er gehört hierher. Ich weiß nicht, woher sie ihn haben, es gibt hier in der Gegend keine Bären. Vielleicht weiß Lucy es, aber sie ist zu ihrer Schwiegertochter gefahren. Ich wußte absolut nicht, wie ich es Ihnen beibringen sollte, aber Sie machen einen ganz vernünftigen Eindruck. Man muß ihn wie einen Hund behandeln, hat Joe gesagt. Ich habe ihn gefragt, bevor er weg ist. Aber werden Sie nicht zu vertraulich mit ihm, solange der Bär Sie nicht richtig kennt, weil er halt schon ziemlich alt ist, keiner weiß mehr, wie alt, aber sie werden bis zu fünfundzwanzig oder dreißig Jahre alt, er kann also nicht mehr allzu jung sein. Ich bin gleich nach dem Krieg hierher zurückgekommen, und ich kann mich an kein Bärenjunges erinnern, allerdings war ich nicht oft hier. Die Cary mochte keine Gesellschaft, sie kam nur ab und zu, um neue Vorräte zu bestellen.

Joe hat hundert Pfund Hundefutter im Schuppen gelassen. Alles, was sonst da ist, wurde mit dem Geld bezahlt, das Ihr Institut geschickt hat, als man uns sagte, Sie würden kommen.

Ich weiß nicht, was ich tun würde, wenn ich plötzlich einen Bären aufgehalst bekäme. Ich kann bloß sagen, daß Lucy sagt, er ist ein guter Bär, und Sie wissen, daß manche Leute Indianer nicht mögen, weil sie die Finger nicht vom Alkohol lassen können, aber wir hier in der Gegend respektieren Lucy, und wenn sie sagt, er ist ein guter Bär, kann ich Sie vielleicht bitten, ihn zu füttern und ihm Wasser zu geben, solange Sie da sind, und danach entscheiden wir, was wir machen.«

Er hatte schnell und hektisch gesprochen, und nun schaute er hinüber zu den dunklen Bäumen an der Rückseite des erleuchteten Hauses, schüttelte den Kopf, legte seine Hand auf ihren Oberarm und geleitete sie die Stufen zur Veranda hinauf. An der Haustür sagte er, sie solle versuchen, morgen allein im Motorboot rüber zur Marina zu kommen. Wenn sie bis vier Uhr nicht da wäre, würde er kommen, um nachzusehen, ob etwas los sei. Der Trick wäre, an der Stelle links einzubiegen, wo sich die Flußmündung zum Hauptarm hin öffnete.

Dann rief er seinen Sohn, und sie machten sich auf den Weg.

4

Sie ging hinein und setzte sich etwas benommen an den Küchentisch. Sie hörte das Geräusch des abfahrenden Motorbootes, dann nichts mehr. Sie öffnete zwei Türen, um das knisternde Feuer in ihrem Schlafzimmer sehen zu können. Das also war ihr Reich: ein achteckiges Haus, ein Zimmer voller Bücher und ein Bär.

Sie konnte es nicht fassen. Sie war überwältigt. Für einen solchen unbändig glückseligmachenden Fund mußte es einen Begriff geben – Freude, Wonne, irgend etwas jedenfalls, wo der Zufall eine Rolle spielte: ah, Hans-im-Glück-Sein. Ohne ihre Arbeit (die sie liebte) aufgeben zu müssen, saß sie zu Beginn des Sommers in einem der großartigsten Erholungsgebiete, in einem der großartigsten Häuser der Provinz. Sie war in gewisser Hinsicht von der Umwelt abgeschnitten, aber sie hatte ihre Einsamkeit immer geliebt. Und die Vorstellung von der Gegenwart des Bären empfand sie als köstlich elisabethanisch und exotisch.

Problemlos gelang es ihr, die Gaslampe in der Küche anzuzünden: sie hielt ein Streichholz daran, drehte an der Einstellschraube und hörte den sanften Knall, als die Flamme übersprang. Im warmen Schein der Lampe füllte sie mit einer Schöpfkelle den Kessel aus einem Steingutkübel mit Wasser neben dem Spülbecken. Das Wasser war kalt und roch nach Schwefel. Auch das Haus war jetzt kalt.

Sie machte sich eine Tasse Tee und nahm sie mit hinüber in das düstere Schlafzimmer, wo sie sich auf ein langes, geschwungenes Sofa vor das Feuer setzte und in die Flammen starrte. Nie würde sie begreifen, durch welch verrückte Fügung sie an diesen Ort gekommen war. »Ich werde glücklich sein«, flüsterte sie zu sich selbst.

Einer ihrer Onkel vom Lande pflegte zu sagen, wenn sein Schicksal sich zum Guten wendete: »Ich sitze mit meinen Füßen in einem Butterfaß.«

Sie hatte kalte Füße. Sie zog ihre Stiefel aus und wärmte ihre Socken am Feuer. Während sie halb ausgestreckt dalag, merkte sie, daß sie erschöpft war: Glück macht müde. Sie durchwühlte ihr Gepäck nach dem Schlafsack und rollte ihn auf dem Sofa aus. Das riesige Bett des Colonels hinter ihr sah furchterregend und klamm aus. Sie räumte die Küche auf, löschte das Licht, hakte ihren Büstenhalter auf und schlüpfte vollständig angezogen in den Schlafsack. Während sie noch dem Feuer lauschte, schlief sie ein.

Sie wachte früh auf. Ihr war kalt. Sehr kalt. Sie zog ihren Pullover runter und den Schlafsack hoch, ringelte sich zusammen, bis sie bequem lag, und wartete darauf, wieder einzuschlafen. Derweil sog sie die kalte, frische Luft ein und erinnerte sich, wo sie war. Das Haus roch nach Kaminrauch und frischem Gras.

Um sieben stand sie auf und zog ihre Stiefel an; ging nach draußen, um ihr neues Reich zu begutachten.

Es war grandios. Zum Flußufer hin hatte man über eine Breite von etwa hundert Metern eine große Rasenfläche angelegt, die in frischem Grün stand. Entlang der Böschung standen in gleichmäßigen Abständen prachtvolle Ahornbäume, die gerade anfingen zu blühen. Dahinter erstreckte sich silbern der Fluß, kräuselte sich an seinen Untiefen und verlor sich dann zwischen Birken und Büschen. Es gab keine Spuren sonstiger Bebauung.

Sie stand ruhig am Flußufer, ganz still, denn es war ihr bewußt, daß jede Bewegung – selbst ihre Hände, die sie in den Taschen rieb, um sie zu wärmen – ein fremdes Geräusch verursachte.

Sie kostete das Neue um sich herum aus, die gelben Ruten der Zwergweiden am Rand des Gebüsches, das grob gezimmerte Bootshaus, die grünen Knospen an den Bäumen; dann drehte sie sich um und wandte sich dem unglaublichen Haus zu.

Seine in Facetten unterteilte weiße Masse schimmerte in der Morgensonne; seine schwarzüberdachten Veranden hingen wie Schürzen vor dem unteren Stockwerk. Die Fenster der oberen Etage waren groß und glänzten. Auf seinem Dach ragten zwei Kamine und eine verglaste Laterne in die Höhe wie die Krone eines Kardinalshutes. Sie konnte die Vollkommenheit kaum fassen.

Dann fiel ihr der Bär wieder ein. Sie hatte das alles nicht geträumt. Jener Mann, jener Mann Homer hatte ihr erzählt, daß es hinter dem Haus einen Bären gab. Zunächst war ihr die Vorstellung wunderbar verrückt erschienen, aber es sah so aus, als gäbe es tatsächlich einen Bären. Einen inzwischen mit Sicherheit hungrigen Bären. Sie mußte hin und nachschauen. Es hatte keinen Zweck, der Sache aus dem Weg zu gehen.

Sie fragte sich, ob der Bär ein angenehmer Lebensgefährte sein würde.

5

Sie mochte Tiere nicht besonders. Hatte einmal einen jungen Hund gehabt und war sehr betroffen gewesen, als er überfahren wurde, hatte ihn aber nicht vermißt. Hatte sich aufgeregt über Katzen, mochte dafür aber die Kälber auf einem Bauernhof, wo sie einmal Ferien gemacht hatte. Das waren ihre Erfahrungen. Zweifelhafte Voraussetzungen für einen Bären.

Vielleicht, dachte sie, fange ich erst einmal mit den Büchern an, arbeite mich vor von Bekanntem zu Unbekanntem; andererseits mußte sie zum Plumpsklo, und da lag sein Schuppen auf dem Weg. Sie faßte Mut. Selbst wenn sie dem Tier nicht direkt gegenübertreten mochte, konnte es reizvoll sein, durch Ritzen und Spalten in seinen Unterschlupf zu spähen.

Von vorne machte das Haus einen einsamen und abgelegenen Eindruck, aber dahinter gab es ein ganzes Geschwulst von Nebengebäuden: einen Holzschuppen aus Brettern und Balken und eine baufällige Blockhütte, die miteinander verbunden waren durch ein Gebilde, das aussah wie ein Maisspeicher und vielleicht das hölzerne Schutzdach eines verfallenen Hühnerstalls darstellte. Alles zusammen bildete einen eingegrenzten Hofplatz.

Sie näherte sich diesem Hof durch sein südliches Tor. Der Bär war bestimmt in der alten Hütte. Neben der Tür stand ein Pfosten und an dem Pfosten war eine Kette, die in der Dunkelheit verschwand. Der Boden war matschig, aber es gab keine frischen Spuren im Matsch. Was sagt man zu einem Bären? fragte sie sich, als sie am Zaun lehnte.

»Hallo«, sagte sie leise in die Dunkelheit hinein. Sie bekam keine Antwort. Er schläft wahrscheinlich, dachte sie; vielleicht hält er noch seinen Winterschlaf.

Erst ein einziges Mal hatten ihr die Knie gezittert, und zwar als sie einem Elch begegnet war. Sie hatte erwartet, daß sie vor dem Bären Angst haben würde, aber nun stand sie ziemlich ruhig im Eingang zu seiner Hütte. Sie war sicher, daß er irgendwo da drinnen war und daß er gutartig war. Sie fand sich ziemlich albern.

Sie ging zurück ins Haus und schlug die Fliegentür hinter sich zu. Es gab eine Menge zu tun, bevor sie tun konnte, was sie wollte – mit den Büchern anfangen –, denn wenn sie nicht jetzt auspackte, würde sie ihr Leben hier in einem Chaos verbringen. Zuerst räumte sie im Schlafzimmer ihre Privatsachen ein, dann stopfte sie die Konserven aufs Geratewohl in die

Küchenschränke. Sie brauchte lange, um zu entscheiden, wo sie mit Sachen wie Butter und Speck hin sollte, die eigentlich in den Kühlschrank gehörten. Sie entdeckte einen verrosteten Toaster für vier Scheiben und stellte ihn auf die Gasflamme. Sie wischte eine schwarze Eisenpfanne aus und legte Speckstreifen hinein. Sie war hungrig.

Das Morgenlicht war getupft, gläsern, grün, eine bewegte Präsenz an den Fenstern. Die Küche war in ein Halblicht wie unter Wasser getaucht. Als ihr Frühstück fertig war, trug sie es nach draußen zur Hintertreppe beim Holzschuppen, um im Hellen zu sitzen. Als sie sich hinsetzte, merkte sie, daß der Bär in seiner Türöffnung stand und sie anstarrte.

Bär. Harren. Starren.

Sie starrte zurück.

Jeder muß sich irgendwann im Leben einmal entscheiden, ob er ein Platoniker ist oder nicht, dachte sie. Ich bin eine Frau, sitze auf einer Treppenstufe und esse Brot mit Speck. Da drüben ist ein Bär. Kein Teddybär, nicht Pu der Bär, nicht der Koalabär aus der australischen Fluglinienwerbung. Ein echter Bär.

Im Moment lediglich die Hälfte eines Bären, und nicht einmal eine sehr große Hälfte, denn er lag zurückhaltend in seiner Türöffnung, so daß sie sich keine Vorstellung von seiner ganzen Größe machen konnte. Er war nur ein staubiger Haufen schwärzlichen Fells in einer Türöffnung. Er hatte eine lange braune Schnauze, und seine Schnauze hatte eine

«Ein Fell ...

... man nicht zu Markte trägt, bevor den Bären man erlegt.» Das ist die Lehre aus La Fontaines Bären-Fabel. Nichts anderes meint Th. Jefferson mit seiner Lebensregel: «Verfüge nie über Geld, ehe du es nicht hast!» Und der Volksmund fügt hinzu: «Wer gewinnen will, muß einsetzen.»

Pfandbrief und Kommunalobligation

Meistgekaufte deutsche Wertpapiere - hoher Zinsertrag - bei allen Banken und Sparkassen

Verbriefte Sicherheit

schwarze, trockene, lederne Spitze. Er hatte kleine, traurige Augen.

Sie starrten einander an, während sie aß, und maßen sich mit Blicken. Er wirkte nicht weniger kleinäugig, als er sich ihr frontal zuwandte: sein Blick war nicht direkt; er wurde durch die dreieckige Winkeligkeit seines Schädels abgelenkt. Die lange braune Schnauze und die kleinen Augen wandten sich ihr zu. Er schien nicht bedrohlich, nur müde und traurig. Das einzige Zeichen von Leben war ein Zukken seiner Nüstern, wenn ihre Gabel auf dem emaillierten Teller ein Geräusch machte.

Man hat bestimmte Vorstellungen von Bären, dachte sie: sie sind Spielzeuge, oder etwas Wildes, Menschenfresserisches in den Wäldern, das dir in einiger Entfernung folgt, sich auf deine Fährte setzt, um dich schließlich zur Strecke zu bringen. Aber dieser Bär ist eine Schlafmütze.

Da sie von Tieren eigentlich nur wußte, daß sie stets einen ungeheuren und – wie sie fand – schmarotzerhaften Hunger hatten, ging sie in den Schuppen und schüttete Trockenfutter aus einem Sack in die Schüssel, die daneben stand. Vorsichtig trug sie sie hinaus zu dem Bären. Er schien ein bißchen wacher auszusehen, als er behende den Arm ausstreckte und die Schüssel zu sich heranzog und seine Kiefer hineinsteckte. Dann blickte er wieder zu ihr auf, als wollte er um Erlaubnis bitten. Nein, dachte sie, er will wohl eher, daß ich weggehe.

Sie beobachtete ihn aus der Entfernung, während

er geräuschvoll fraß. Als er fertig war, blickte er zu ihr hinauf und leckte sich die Schnauze mit einer langen dünnen Zunge, der Zunge eines Ameisenfressers. Dann leckte er sich über die Kiefer mit einer Zunge, die plötzlich kurz und dick aussah. Dann wuchtete er sich hoch auf alle Viere, was eine gewaltige Anstrengung zu bedeuten schien, und kam auf sie zu.

Sie hielt den Atem an, stand stocksteif da und hinderte ihre Knie mit aller Kraft daran, ein zweites Mal aneinanderzuschlagen.

Der Bär stand auf allen Vieren im Freien, starrte sie an und bewegte seinen Kopf nach oben, nach unten und zur Seite, um sie mit seinem Blick ganz erfassen zu können. Seine Schnauze war spitzer als sie erwartet hatte – der jahrelange Umgang mit Teddybären hat mich verdorben, dachte sie –, und seine Augen waren richtige Schweinsäuglein, häßlich. Sie ging über den Hof und pumpte einen Eimer Wasser für ihn.

Sie stellte den Eimer ziemlich nahe bei ihm ab, näher als sie sich, wie sie fand, vielleicht hätte heranwagen sollen, aber der Bär machte einen so passiven Eindruck, daß sie sich nicht wirklich vor ihm fürchten konnte. In seiner Stalltür hatte er kleiner gewirkt. Jetzt konnte sie sehen, daß er, wie Homer sagen würde, ordentlich groß war: er reichte ihr bis zur Hüfte und war ebenso lang wie hoch; ein ausgewachsener Bär mit einem Nacken wie eine buckelige Witwe.

Als er sich umdrehte, um zu trinken, streifte sie ein

scharfer Geruch von Scheiße und Moschus. Er war, wie sie sah, unzweifelbar männlichen Geschlechts, und seine Hinterbacken starrten vor Schmutz. Nachdem er gierig getrunken hatte, rollte er sich wieder neben der Scheunentür zusammen. Er wirkte dumm und verschüchtert. Sie hockte sich an eine Stelle, wo er sie nicht erreichen konnte, und starrte ihn an. Seine Schnauze ähnelte der eines Hundes, war aber breiter. Seine Nasenöffnungen waren eng, seine Augen lagen dicht beieinander. Er war kein schönes Tier. Und er würde nie eines werden, wenn er immer am Ende jener Kette lebte. Kühn spielte sie mit dem Gedanken, ihm wieder ein wenig Glanz zu verleihen, ihn auszuführen.

»Bär«, flüsterte sie ihm zu, »wer und was bist du?«

Bär antwortete nicht, sondern wandte ihr mit einem Ausdruck unendlicher Müdigkeit den Kopf zu und schloß die Augen. Lange saß sie einfach da, rauchte, trank Kaffee, starrte ihn an. Sie hatte einmal ein paar Neffen in einen schlechten Film über Bären mitgenommen. Das war alles.

Hat kein sehr einnehmendes Wesen, dieser Bär, beschloß sie. Überhaupt nicht bedrohlich. Kein Geschöpf der Wildnis, sondern eine Frau mittleren Alters, die bis zur völligen Verblödung unterdrückt worden ist, die so lange Nacht für Nacht gesessen und auf ihren Mann gewartet hat, daß die Zeit aufgehört hat zu existieren und es nichts anderes mehr gab als Warten. Ich werde mit ihm fertig, beschloß sie, und ging ins Haus.

Sie spülte das Geschirr, verbrachte einige Zeit damit, die Küchenschränke so umzuräumen, daß es für sie als Linkshänderin bequem war, ereiferte sich lautstark über das Küchengeschirr, das an einem Ort wie diesem nur Weidenmuster haben durfte und nicht hatte, und durchquerte, da sie wußte, daß jeder weitere Aufschub nur genießerische Verzögerung war, langsam die Segmente des Hauses vom Salon zur Eingangshalle und blieb am Fuße der Treppe stehen.

Ein Haus wie dieses in dieser Gegend war eine Absurdität, dachte sie; zu aufwendig, zu schwer zu heizen – und wenn sein phrenologischer Architekt auch noch so sehr davon überzeugt war, daß es dem Gehirn gut tun würde. Ein solches Gebäude im Norden zwischen Blockhütten und robusten quadratischen Bauernhäusern zu bauen, war koloniale Anmaßung. Sie fröstelte, wenn sie an das offene Treppenhaus im grimmigen Winter dachte. Als Fowler seine Pläne verkaufte, hatte er für die Ausführung des Baus eine Art hausgemachten Gipsmörtel empfohlen, der sich als ähnlich haltbar erwies wie Fliegenpapier. Er gehörte zu der Sorte von Amerikanern, vor der man immer gewarnt wird.

Während sie sich als praktisch denkender Mensch über die Idioten von Einwanderern ärgerte, ging sie nach oben, dem Licht entgegen. Blieb am Ende der Treppe im lodernden Sonnenlicht wie angewurzelt stehen.

Das Treppenhaus lag zwischen den beiden Kaminen. Darüber funkelte eine gewaltige, verglaste Laterne. Ansonsten war das obere Stockwerk ein einziger offener Raum. Vier Wände hatten Fenster bis hinunter zu eingebauten Tischbrettern, die anderen vier waren von verglasten Bücherborden verdeckt. Vor den Kaminen standen riesige Sofas und niedrige Tische mit Stapeln von Folianten. Über der Fensterbank auf der Flußseite hing eine kunstvolle Tilley-Messinglampe. Die Fenster wurden von maritim anmutenden aufrollbaren Segeltuchmarkisen beschattet.

Vom Vorderfenster aus gesehen veränderten sich die Ausmaße des Flusses. Sie konnte sehen, wie er sich den ganzen Weg bis hinunter zum Hauptarm träge dahinwälzte.

Sie stand ruhig da, fingerte herum an dem Teleskop aus Messing und Leder auf der Fensterbank, staubte mit bloßen Händen den Himmels- und den Erdglobus ab, zwischen denen es aufgestellt war. Sollten die Bücher alle miese Bostoner Bunyans sein, so wollte sie das jedenfalls jetzt noch nicht wissen. Sie ging zu dem Tisch am nördlichen Kamin und schlug einen Band mit Kupferstichen von Ruinen auf. Piranesi. Lange starrte sie auf die zerborstenen Säulen. Dann ging sie zum hinteren Fenster, wischte eine tote Fliege von der leeren Bank und schaute hinaus. Der Bär starrte zu ihr herauf.

Langsam, ehrfurchtsvoll durchschritt sie den Raum. Er war ein Meer aus Gold und grünem Licht.

Sie fragte sich, wo sie anfangen sollte, und gestattete es sich, die Bücherborde ohne Eile zu betrachten und zu versuchen, Themen und Ordnung der Bücher zu durchschauen. Sie sah sich konfrontiert mit einem wachen und für das 19. Jahrhundert möglicherweise typischen Verstand: Enzyklopädien, britische und griechische Geschichte, Voltaire, Rousseau, Geologie und Geographie, geophysikalische Theorien, die pragmatischeren Philosophen, ein Romancier neben dem anderen. Sie fragte sich, wo es sonst eine für jene Epoche so vollständige Bibliothek gab. Sie hatte keine Sorge, daß ihre Arbeit nicht den ganzen Sommer in Anspruch nehmen würde.

Sie ging hinunter und brachte Papier, Schreibmaschine und Karteikarten nach oben. Sie setzte sich sofort hin und tippte einen Brief an den Direktor, in dem sie ihm berichtete, daß alles in bester Ordnung sei. Dann sah sie auf ihre Uhr und stellte fest, daß es Zeit war, zu Homers Laden aufzubrechen.

6

Sie war noch dabei, den Ellbogenschwung herauszufinden, mit dessen Hilfe sie den Motor zum Leben erwecken würde, als Homer die Spitze umrundete und neben ihr anlegte. Sie besah ihn bei Tageslicht. Er hatte ein pfiffiges Gesicht, eine Brille mit rosa Gestell und runden Plastikgläsern und falsche, sehr falsche Zähne und kleine geplatzte Äderchen auf den Wangen. Er trug eine Arbeitermütze aus grünem Drillich und eine rote Filzjacke. Sie mochte ihn.

Nachdem er ihr noch einmal den Trick gezeigt hatte, wie man den Motor zum Laufen brachte, folgte sie ihm den Fluß hinunter. Er schrie ihr nach hinten zu, das Wasser wäre niedrig in diesem Jahr, und er nannte ihr die Namen der Sandbänke und fragte, ob sie den Unterschied zwischen einer Sandbank und einer Insel kennen würde. Ein Baum mußte draufstehen, damit es eine Insel war. Auf solche Dinge kam es an hier oben.

Auf jener Insel dort drüben hatte man in einem Frühjahr die alte Mrs. Bird halb tot zwischen ihren Kindern gefunden. Ihr Mann war im Januar übers Eis gegangen, um Vorräte zu holen, und mußte wohl eingebrochen sein. Sie und ihre Kinder überlebten den Winter mit Steckrüben. Den Kleinen ging es gut, aber sie war so lange im Krankenhaus, daß die Fürsorge alle Kinder anderweitig unterbringen mußte, und nur eines kam jemals zurück, um sie zu besuchen, obwohl sie vierundneunzig Jahre alt wurde. Immer noch gehen Leute verloren, sagte er, im Winter, wenn das Eis mies ist.

Homers Lebensmittelgeschäft weckte den unerfüllbaren Wunsch nach mehr, aber es gab alles Notwendige. Sie war froh, daß sie mit Campbell-Suppen und Bologneser Wurst und Erdnußbutterbroten aufgewachsen war. Er verkaufte schlaffe Kartoffeln, holzige Karotten und welken Kohl, aber guten Käse aus der Gegend und helle, cremige Butter. Er entschuldigte sich wegen des Gemüses. »Ich muß das Zeug aus Toronto ranschaffen; und es hält sich nicht. Sie müssen Rüben und Kartoffeln essen, wie wir alle.« Sie leistete sich einen Liter Ahornsirup und vereinbarte mit ihm, daß er ihre Post aus der nächsten Stadt abholen würde.

Er bediente sie höchstpersönlich. Sonst kam niemand herein. Im hinteren Teil des Hauses hörte sie Türen schlagen und Stimmen rufen, aber seine Frau oder seine Familie waren nirgends zu sehen.

»Wie geht's dem Bären?« fragte er.

»Danke, gut, glaube ich«, sagte sie und wußte nicht, was sie sonst sagen sollte. »Er sieht zum Erbarmen aus, wie er da an der Kette liegt.«

»Und wenn er noch so menschlich aussieht, vergessen sie nicht, daß er trotz allem ein wildes Tier ist. Seien Sie nicht zu nett mit ihm.«

»Sind die anderen mit ihm spazierengegangen?«

»Ich hab keine Ahnung, was die verdammt noch mal mit ihm getrieben haben, verzeihen Sie die Anspielung.«

»Er könnte ein Bad gebrauchen.«

»Ich würde nicht mit ihm rumkaspern. Sonst lernen Sie ihn womöglich von seiner üblen Seite kennen. Ich kann mir schon denken, daß er klein aussieht, wenn er zusammengerollt im Schuppen liegt, aber ein Bär ist ein schweres Tier. Er kann Ihnen mit einem Schlag den Kopf weghauen. Ich wette, er wiegt sechshundert Pfund.«

»Ist Mrs. Leroy nie mit ihm nach draußen gegangen?«

Er grinste. »Oh, sie war schon eine komische Type. Ich hab sie gesehen mit dem Bären. Sie nahm immer einen von diesen unbequemen Küchenstühlen mit nach draußen auf den Hinterhof und saß da und redete einfach mit ihm, stundenlang. Vielleicht französisches Kauderwelsch, vielleicht Kri, ich hab's nicht verstanden. Sie ist eine tolle Strickerin, die Mrs. Leroy, und an schönen Tagen saß sie da und redete und strickte eine Meile pro Minute. Die beiden zusammen, das war ein köstliches Bild.« Für einen Moment verengten sich seine Augen. Er hatte an etwas gedacht, wollte es aber nicht sagen.

»Er ist doch nicht bösartig, oder?«

»Der Bär? Du meine Güte, nein. Es ist bloß ... er ist halt ein ganz gewöhnlicher alter Bär und schon seit so vielen Jahren an dieser Kette, daß man nicht weiß, was passiert, wenn Sie ihn losbinden. Vielleicht bringt er Sie um, vielleicht bleibt er einfach sitzen, vielleicht läuft er über den Hof und sucht sich ein Loch im Zaun. Mrs. Leroy hätte allerdings keine hohe Meinung von Ihnen, wenn Sie ihn weglaufen ließen, und das gleiche gilt für die Farmer weiter oben am Fluß.«

Sie versprach, gut aufzupassen, und fuhr das Motorboot allein über den trägen Fluß nach Hause zurück. Das Wasser war dunkel, aber klar und metallisch, zu kalt, um beim Fahren die Hand hineinzuhalten. Sie steuerte zwischen Sandbänken, Inseln und schilfbewachsenen Ufern hindurch zu ihrem Anlegesteg und trug die Einkäufe in das abgeschiedene Haus.

An diesem Abend ging sie mit einem Lappen nach oben und polierte Tintenfässer und Federschalen und die vergilbten Globen. Sie fummelte an dem Teleskop herum, bis sie im letzten Licht weit den leeren Fluß hinunterschauen konnte. Dann zündete sie die Tilley-Lampe an, spannte eine Rolle mit Etiketten in ihre Schreibmaschine und begann mit der dringlichen Aufgabe, einer individuell und persönlich ersonnenen Struktur ein numerisches System aufzuzwingen, dessen Zahlen ihr helfen würden, den hinter alledem verborgenen Verstand zu erfassen.

Zunächst arbeitete sie schnell, beinahe verzweifelt. Sie hatte die Ahnung eines nie gekannten Glücks, das sie erwartete, ein Gefühl, daß ihr alles dies leicht weggenommen werden könnte. Sie mußte geschickt und effizient vorgehen. Es war wie der Geruch, der morgens und abends die Luft erfüllte, flüchtig und geheimnisvoll. Jeder will Robinson Crusoe sein, und ein halber Robinson Crusoe zu sein, ist beinahe unerträglich. Wenn mir die Erfahrung nicht wieder weggenommen werden soll, dachte sie, muß ich sofort damit anfangen, sie zu machen.

Nach einer Stunde zitterte sie vor Kälte. Sie ging nach unten, zog einen Pullover an und stellte den Kessel aufs Feuer. Auf dem Weg zum Plumpsklo konnte sie sehen, wie ihr die nachtgrünen Augen des Bären folgten. Als sie über den Hof zur Hintertür ging, richtete er sich auf und brummte. Sie blieb ruhig stehen und gewöhnte ihre Augen an die Dunkelheit, bis sie seine düstere Gestalt erkennen konnte. Behutsam, den Kopf tiefer gesenkt als den Nacken, stapfte er vor und sah sie scheu an. Als er das Ende seiner Kette erreichte, setzte er sich auf die Hinterbacken und grunzte wie ein Schwein.

Vorsichtig ertastete sie ihren Weg über die dunklen, unebenen Dielen des Holzschuppens, ging ins Haus und holte für ihn die Reste ihres Abendessens. Er verschlang alles auf der Stelle, dann sah er sie, wie es schien, flehentlich an. Sie stand so weit entfernt von ihm wie möglich und streckte eine verkrampfte Hand aus. Er leckte sie mit einer langen, gefurchten, geschmeidigen Zunge, doch als sie versuchte, seinen Kopf zu tätscheln, schwenkte er ihn zur Seite und von ihr fort.

Als sie wieder oben war, spazierte sie im trüben Licht vor den Bücherborden auf und ab, drehte liebevoll die quadratischen Messingschlüssel herum und nahm mal hier, mal dort mit sanftem Griff einen Band aus seiner Reihe. Die Sammlung war, obwohl nichts auf Gelehrtenambitionen schließen ließ, hervorragend, und Carys Nachfahren hatten sie weiter betreut, so daß das 19. Jahrhundert in drei Sprachen repräsentiert war. Hume. Smollett. Hume und Smollett. Selbstverständlich Byron, und die anderen Romantiker. Sheridan. Dickens. Thackeray. Eliot. Trollope nicht. Mrs. Gaskell. Bulwer Lytton. Aha, Darwin – aber keine Erstausgabe. Jane Austen, natürlich. De Maupassant. Lamartine. Goethe, Schiller, noch viele andere Deutsche, allerdings las sie kein Deutsch.

Die Verbeugungen vor dem weiblichen Geschlecht, Mrs. Hemans (»Der Knabe stand auf dem brennenden Dach...«) und Eliza Cook (»Ich lieb ihn, ja lieb ihn, und wer will es wagen / Den uralten Lehnstuhl mir frech zu versagen?«). Youngs *Night Thoughts*. Einfach alles.

Sie hatte ihren Beruf gewählt, weil sie es liebte zu lesen. Als sie in die großen Bücherschränke sah, wurde ihr klar, wie wenig sie inzwischen nur noch las. Meistens beschäftigte sie sich mit nicht zu entziffernden Papieren und vollgekritzelten Landkarten. Was Bücher anging, so kümmerte sie sich nur um deren Äußeres. Hier würde sie Zeit haben zu lesen.

Sie fand einen Band der *Penny Cyclopaedia,* herausgegeben von der Gesellschaft zur Förderung nützlichen Wissens unter dem Vorsitz von Lord Brougham. Sie nahm ihn zur Hand, und ein Stück Papier segelte ihr vor die Füße.

Im Linné'schen System, so stand dort in brauner, exakter, wunderschön geschwungener Handschrift zu lesen, *steht Ursus zwischen Mustela und Didelphis. Zur Gattung gehören Arctos, die echten Bären; Meles, die Dachse; Lotor, der Waschbär; und Luscus, der Vielfraß. Gangart: Sohlengänger; Gebiß: tuberkular; Statur: groß. Fleischfresser. Pflanzenfresser. Schwanz im allgemeinen kurz. Gehirn und Nervensystem ziemlich weit entwickelt. Klauen zum Graben, nicht einziehbar. Scharf ausgeprägte Sinnesorgane. Zylindrische Knochen, denen des Menschen ähnlicher als die jedes anderen Vierbeiners, insbesondere der Oberschenkelknochen. Daher fähig, sich aufzurichten und zu tanzen. Zunge weist eine Längsfurche auf.*

Nieren gelappt, wie in einer Weintraube gebündelt; keine Samenblasen. Knochen im Penis. Beim Weibchen ist die Vagina längs gefurcht. Klitoris ruht in einer höhlenartigen Hautfalte.

Von den Zedernholzscheiten sprühten Funken auf. Sie verglich die Schrift mit den Schriftproben in ihren Akten. Es handelte sich zweifellos um die Carys. Als die Lampe allmählich verlosch, ging sie ins Bett und träumte von dem, was sie auf der Rückseite des Blattes gelesen hatte: sah die Kamtschadalen auf ihrer hohen Halbinsel, wie sie sie anblickten durch ihre Fenster und Schneemasken, die sie aus dem Gedärm des Bären gefertigt hatten, und hörte das Sirren des fallenden Grases, wenn sie es mit dem geschärften Schulterblatt des Bären mähten.

7

Die Morgende in der Stadt können nur ertragen werden. Morgendämmerung gibt es ebensowenig wie richtige Dunkelheit. Alles was es gibt, ist nach einem Regenguß oder einer Straßenreinigung das Geräusch von quietschenden Reifen auf nassem Asphalt. Hier erwachte sie wieder fröstelnd und reckte ihre Nase schnuppernd in die Luft wie ein Tier. Das Licht im Schlafzimmer war ungewöhnlich weiß. Sie wühlte sich aus dem Prunkbett des Colonel und ging zum Fenster. Die Welt trug einen Pelz von spätem Frühlingsschnee.

Es war jenes weiche, dicke Zeug, das einen ganz aufgeregt macht, sofern man nicht gerade Auto fährt oder halbtot ist, pappiger Schnee, der bereits in langen Raupen von den grünenden Zweigen fiel. Sie schnupperte wieder. Schnee hat seinen ganz eigenen, kalten Geruch. Sie zog ihre Stiefel an und ging nach draußen, pinkelte in den Schnee und fragte sich, wie viele Jahre es her war, daß sie zuletzt solch makelloses

Weiß gelb gefärbt hatte. Keine Spur vom Bären. Er war in seinen Stall gekrochen, um wieder Winterschlaf zu halten.

Sie stand draußen, lauschte. Kleine Vögel zwitscherten. Der Fluß nuckelte an Schilfrohren und Steinen. Zweige knackten, rieben aneinander. Vogelkrallen raschelten im trockenen Laub. Vielleicht war es auch der Bär, der in seinem Haus schnaufte und schnarchte.

Sie ging hinein, denn sie haßte es, die kostbare, mit Filz überzogene Stille zu stören. Als sie den Kessel füllte, kratzte sie nervös mit der Schöpfkelle am Eimer entlang. Sie zog sich an und hörte die schabenden Geräusche ihrer Kleider. Stampfend fuhr sie in ihre Schuhe und hörte, wie die Schnürsenkel beim Zubinden surrten. Sie kratzte mit dem Buttermesser über den Toast. Rührte mit einem klirrenden Löffel den Kaffee um. Nicht jeder, dachte sie, versteht es, mit Stille zu leben.

Als sie mit seiner Schüssel klapperte, kam der Bär aus seinem Schuppen. Die immer gleiche verschüchterte Miene auf dem Gesicht, zog er mit der Tatze den Napf zu sich heran. Sie hielt ihm die Hand hin. Er steckte seine Schnauze kurz in ihre Handfläche. Dann wandte er sich ab, um zu fressen. Gut. Allmählich schlossen sie Freundschaft.

Sie ging nach oben, um in dem strahlenden Licht zu ordnen und zu katalogisieren. Das Testament Colonel Carys verfügte, daß die Bücher nicht aus dem Haus entfernt werden durften. Sie und der Direktor hatten geplant, ein Sommerinstitut zu gründen, sofern sich die Anlage dafür eignete. Jetzt sah es in ihren Augen so aus, als sei alles, was er besessen hatte, importiert. Die Benutzung des Gebäudes durch Wissenschaftler wäre nur aufgrund des Vorhandenseins historischen Materials aus dieser Region gerechtfertigt. Man fährt nicht ins nördliche Ontario, um das London des Jahres 1825 zu studieren.

Oder doch? fragte sie sich boshaft.

Der Schnee tropfte weiter von den Zweigen und flirrte durch ihr Blickfeld, während sie arbeitete. Mittags war er verschwunden. Sie zog ihre Stiefel an und machte sich auf einen Erkundungsgang.

Wenn man einmal auf einer Insel gelandet ist, neigt man dazu, die Selbstverständlichkeit zu vergessen, daß Inseln Wassergeschöpfe sind. Diese hier war klein. Carys Lichtung wurde umschlossen von fast undurchdringlichem Gebüsch. Es gab keinen Strand, die Büsche reichten unmittelbar bis ans Ufer hinab. Südlich des Hauses jedoch hatte man einen Pfad bis zur Südspitze geschlagen und dort, in einem der prachtvollen Ahornbäume des Colonels, gab es eine Art Krähennest. Sie stieg die hölzerne Leiter hinauf und hielt sich – wie ein Segler auf einer Witzzeichnung – die Hand über die Augen und ließ den Blick über die Flußmündung und hinaus zu den endlosen Weiten des Binnenmeeres schweifen.

Sie fand eine Lücke im Gebüsch und trat in den Wald, feierlich, als würde sie in eine fremde Kirche eindringen. Der Boden war matschig, hier und dort noch weiß vom Morgenschnee, es kribbelte und krabbelte von halblebendigen Insekten. Während sie sich die ganze Zeit gut zuredete, daß man auf einer Insel nicht verloren gehen konnte, bahnte sie sich ihren Weg zu einer Erhebung im Gelände, stieg den mit Geröll übersäten Abhang empor und stand plötzlich vor einem kleinen Tümpel. Blasen von Sumpfgas oder von tauchenden Bibern stiegen träge aus seinen schwarzen Tiefen empor. Sie sah auf und erblickte hoch oben in einem abgestorbenen Baum zwei Hühnerhabichte, die auf sie herunterschimpften. Auf ihrem Weg zurück zum Haus schwang sie zur Gymnastik ihre Arme. Sie wünschte, es wäre warm genug zum Schwimmen.

Sie ging nach oben, um zu arbeiten. Schließlich war sie, ganz gleich wie verfroren, eine zuverlässige Person. Sie setzte sich an ihren Schreibtisch und fuhr fort zu notieren, was es zu notieren gab. Dann dachte sie plötzlich irgendwie an den Bären, denn sie fragte sich, wie er wohl auf den Schnee reagierte.

Seine Größe, oder vielmehr seine Fähigkeit, den Eindruck zu verändern, den er von seiner Körpergröße vermittelte, erregte sie. Gestern stand er da und starrte mich an wie ein Pelzmantel, dachte sie, und heute sah er wie eine Art Waschbär aus. Sie ging zum Fenster, um nachzuschauen, wie er jetzt aussah, und sie vernahm ein sehr sonderbares Geräusch: eine Art Singsang oder leisen Klagegesang. Doch von ihrer hohen Warte aus konnte sie nichts erkennen.

Sie ging nach unten. Durch die Hintertür. Eine uralte Frau saß dort auf der Treppe. Sie babbelte mit dem Bären, unterhielt ihn mit einem eintönigen Gesang.

Es war eine alte Indianerin. Sie sah aus wie die Frau, die immer Bittersüß auf der Straße verkauft hatte, als Lou noch ein Kind war: ein zahnloses altes Indianerweib in vielen Wolljacken und in Turnschuhen, zehn Cent das Bund, und Lou kaufte eins, und ihre Mutter sagte, das wäre Geldverschwendung, eine Art Bettelei.

Sie babbelte mit dem Bären, der halb in, halb vor seinem Schuppen lag und sie unverwandt anblickte. Einmal blinzelte er mit einem Auge.

Fast auf der Stelle sah Lucy Leroy sich um. »Hallo«, sagte sie, streckte eine verrunzelte Hand aus und lächelte mit zahnlosen Kiefern. Sie war vollkommen verrunzelt. Lou stellte sich den Körper unter den alten, mit Nadeln zusammengehaltenen Kleidern vor, stellte sich seine Falten und Verwitterungen vor, die ausgemergelten alten Brüste: so werde ich auch aussehen, dachte sie.

Aber die Augen der Frau waren quicklebendig. Sie streckte ihre Hand aus. »Neue Dame«, sagte sie. »Neue Dame. Guter Bär. Guter Bär.«

»Ich habe Ihr Boot nicht gehört.«

Lucy lächelte ungerührt und hielt ihre Hand fest.

»Guter Bär«, sagte sie. »Gute Dame. Sorgen Sie für Bär.«

»Ich fürchte, ich weiß nicht genau, wie ich für ihn

sorgen soll«, sagte sie in einem möglichst wenig städtischen Tonfall.

Lucys lebhafte Augen zwinkerten. »Guter Bär«, sagte sie. »Bär dein Freund. Ich war einmal junges Mädchen. Ich kam vom Schnellen Wasser. Heiratete einen Mann, kam hierher. Jetzt lebe ich auf Neebish. Er ist guter Bär. Ich bin hundert Jahre alt. Ich kann lesen. Ich bin zur Missionsschule gegangen.«

»Und der Bär?«

Lucys Gesicht überzog sich mit tausend Fältchen einer unergründlichen Heiterkeit. Sie sah nicht hundert Jahre alt aus, nur unendlich alt. »Scheiß mit dem Bären«, sagte sie. »Er dich dann mögen. Morgen du scheißen, er scheißen. Bär lebt mit Geruch. Er dich mögen.«

Lou unterdrückte ein Schaudern und hörte ein Motorboot. Lucy stand auf. Sie reichte Lou kaum bis zur Brust. Sie war alt und krumm. »Das ist Joe. Ich gehe.«

Schwupps, knister, sie war weg. Der Bär rührte sich nicht, Lou auch nicht. Sie hatte keine Zeit dazu. Lucy war fort, das war alles, hundert Jahre alt, funkelnd, zahnlos und fort. Ein Boot raste davon.

Lou kauerte sich nieder und sah den Bären an. Sie dachte an das Plumpsklo mit seinen gerillten Emailledeckeln. Sie dachte an europäische Toiletten mit Fußabtritten und Löchern. Sie blickte den Bären an und begann zu lachen. Er sah aus, als lachte er ebenfalls.

8

Als Lou am nächsten Morgen nach draußen kam, war die Sonne richtig warm, als wollte sie die Verirrung in den späten Schnee wettmachen. Lou blieb einen Augenblick stehen und räkelte sich. Durch den Schlafanzug hindurch strich die Sonne über ihre Haut. Sie dachte einen Augenblick nach, dann ging sie auf Zehenspitzen behutsam zum Schuppen des Bären, hockte sich an die Wand und machte mit einigen Schwierigkeiten einen kümmerlichen Haufen. Der Bär, der mit seinem Körper im Schuppen und mit seinem Kopf in der Sonne lag, bewegte lediglich die Nüstern.

»Komm mit«, sagte sie, als sie den demütigenden Akt beendet hatte. »Komm mit.« Zerrte an seiner Kette. Hakte die Kette vom Pfosten. Zuerst reagierte er nicht; dann kam er torkelnd auf die Beine. Als sie kräftig zog, tapste er hinter ihr her. Sie hoffte, daß er nicht losrennen und sie – mit zweifellos verhängnisvollen Folgen – hinter sich herschleifen würde, und führte ihn zum Wasser.

Er war unruhig und passiv. Es war kein Zug auf der Kette. Sie schleuderte ihre Stiefel von sich, krempelte die Hosenbeine ihres Schlafanzuges hoch und führte ihn vorsichtig ins Wasser. Er setzte sich hin und scheuerte seinen dreckverfilzten Hintern an den Steinen. Dann ächzte er leise und senkte den Kopf, um zu trinken. Fertig. Blickte zu ihr und wartete auf ein Zeichen. Was sollte er tun? Sie sah, daß ihre Füße blau geworden waren, und stieg hinter ihm aus dem Wasser auf das warme, frische Gras. Er streckte sich und ging vorwärts, dann überlegte er es sich anders und kam wieder zu ihr zurück.

Für sie bedeutete diese erste kleine Rebellion eine Wiederkehr von Leben, und darüber freute sie sich. Sie ließ die Kette locker, ohne sie ganz loszulassen. Er setzte sich wieder in das flache Wasser, erschauderte heftig und verbreitete ringsumher Strudel. Sein kurzer Schwanz wippte auf und ab. Er rutschte tiefer hinein und schlug mit den Pfoten aufs Wasser. Einen Augenblick fürchtete sie, er würde sie mit sich fortziehen, doch nein, als er das Ende seiner Kette erreichte, hielt er inne, entspannte sich, ließ sich mit dem Rücken zu ihr nieder und reckte schnüffelnd seine Nase in die Luft. Mit raschen Bewegungen schöpfte sie Wasser mit ihren Händen und schüttete es über ihn. Er schüttelte sich und erschauerte. Am liebsten hätte sie losgejauchzt.

Später, auf der Böschung, schüttelte er sich wieder und durchnäßte sie bis auf die Haut. Sie lachte, ließ seine Kette ganz los und stürmte zum Haus. Fand eine alte Bürste im Holzschuppen, setzte sich hin und striegelte ihn. Wie eine richtige Mama, dachte sie.

Am Nachmittag fiel aus einem anderen Buch ein anderes Blatt:

> *Tabelle der durchschnittlichen Lebensdauer:*
> *Schnabeltier – 10 Jahre*
> *Schimpanse – 40 Jahre*
> *Biber – 19 Jahre*
> *Marder – 15 Jahre*
> *Wolf – 16½ Jahre*
> *Bär – 34 Jahre*
> *Löwe – 30 Jahre*
> *Elephant – 69 Jahre*

Sie betrachtete die Notiz. Drehte sie um und um. Er hatte also kleine Dinge über Bären aufgeschrieben. Gott, er hätte besser auch über andere Dinge kleine Dinge aufgeschrieben, der selbstsüchtige Kerl. Das Institut brauchte kein hübsches Haus, auch keine Sammlung zoologischer *curiosa*, sondern ergänzendes Material zur Besiedlungsgeschichte jener Region. Es gab keinerlei Forschungsgrundlagen zu dieser Gegend für die Zeit zwischen der ersten missionarischen Tätigkeit seitens der Jesuiten und den Neuvermessungen im Jahr 1878, und Cary hatte nichts besseres zu tun, als ihr kleine Notizen zukommen zu lassen – über Bären. Sie hätte am liebsten jedes einzelne seiner Bücher genommen und geschüttelt, bis die Buchrücken abfielen. Stattdessen nahm sie, sorgfältig wie sie war, die Notiz zu den

Akten, datierte sie und beschriftete den Umschlag mit dem Titel des Buches, aus dem sie gefallen war. Vielleicht würde sie, wenn sie uralt war, zurückkommen und aus all den Daten und Titeln dieser Bücher ein mystisches Akrostichon bilden und sich einreden, sie hätte das Elixier des Lebens entdeckt.

»Cary, du alter Verschwender«, hörte sie sich sagen, während sie sein Porträt über dem Kamin anstarrte. Hinter dem staubigen Glas verblich der Purpur seiner Uniform zu Pink, aber mit puppenrosigen Wangen, sonnenverbranntem Nasenrücken und immer noch blitzenden schwarzen Augen hielt der hagere, elegante Colonel ihrem Blick stand.

Als sie sich umdrehte, um aus seinem Fenster zu schauen, hatte sie das Gefühl, seine Augen würden ihr folgen, und für einen Augenblick war sie Cary, der kühn die Neue Welt betrat, *Atala* unter dem einen, *Oroonoko* und die Handbücher von Robert Brown, dem Tüchtigen, unter dem anderen Arm. Rasch flüchtete sie sich zu den Notizen seiner Enkelin. »Colonel John William Cary hatte am Royal Military College, Great Marlow, sowohl eine humanistische als auch eine militärische Ausbildung genossen und setzte seine gewohnten Studien auch im Ausland fort. Er war daher hinreichend gebildet, mit Byron auf Malta gelehrte Konversation zu führen. Während seiner Stationierung im heutigen Italien ließ er unter großem finanziellen Aufwand Bücher aus England herbeischaffen. Er war, was man einen Büchernarren nennt. Seine Frau mißbilligte seine Passion.«

Ich wette, das tat sie, dachte Lou.

Ursus Arctos, ours, orso, Bär, Björn: lebt in den Gebirgszügen der Alpen, der Pyrenäen und der Arktis. Außerdem in Sibirien, auf der Halbinsel Kamtschatka und in Nordamerika. Die Lappländer verehren ihn und nennen ihn Götterhund. Die Norweger sagen, »Der Bär hat die Kraft von zehn Männern und den Verstand von zwölfen.« Sie nennen ihn niemals bei seinem richtigen Namen, damit er ihre Ernte nicht verwüstet und ihre Herden nicht überfällt. Lieber sprechen sie von ihm als vom »Moeddaaigja, senem cum mastruca«, vom alten Mann mit dem Pelzumhang.

Sie blickte aus dem hinteren Fenster. »Sei gegrüßt, mein Volk«, sagte sie. Fuhr fort mit ihrer Arbeit.

Es kam das verlängerte Wochenende. Für kurze Zeit füllte sich das Binnenmeer mit Motorbooten, Rauchfahnen stiegen von anderen kleinen Inseln auf. Sie fühlte sich belagert, obwohl niemand an ihrem Steg anlegte. Einen Nachmittag saß sie draußen auf der Wiese im Liegestuhl und tat so, als würde sie nichts bemerken, wenn Angler ihr zuwinkten. In der Nacht sah sie Feuerwerksraketen über dem Wasser und meinte, Millionen von gerösteten Marshmallows zu riechen. Sie stellte sich Cary vor, wie er am Geburtstag der Queen einen verblichenen Union Jack hißte. Was Königinnen anging, so hatte er Victoria im Vergleich zu Queen Caroline zweifellos als eine Verbesserung empfunden, auch wenn er die Prüderie mißbilligte, die damals sogar im Busch auf dem Vormarsch war.

Sie gewöhnte sich einen regelmäßigen Tagesrhythmus an. Morgens arbeitete sie, nachmittags verschwand sie im Dickicht, um spazieren zu gehen auf Teppichen von Drillingspflanzen und kleinen gelben Lilien, von Leberblümchen und Steinbeeren. Die Schwarzlinden hatten riesige Blätter getrieben. Oft lungerte sie am Bibertümpel herum, mit Schal und Handschuhen gegen die Kriebelmücken gewappnet. Von ihrer borkenlosen Ulme starrten die beiden Hühnerhabichte mit unergründlichem Blick auf sie herab.

Waren die Tage warm, brachte sie den Bären hinunter zum Wasser. Er zeigte – anders als ein Hund – keinerlei Begeisterung, wenn sie ihn holte, sondern folgte ihr nur fügsam, wenn sie an seiner Kette zerrte. Wie ein kleines Kind saß er dann im Wasser und genoß seelenruhig die Rückkehr in den amphibischen Urzustand.

Einmal in der Woche kam Homer mit ihrer Post. Einmal in der Woche kaufte sie bei Homer ein, und manchmal steuerte sie an diesen inzwischen langen Abenden haarscharf am Ufer entlang und scheuchte Reiher und Rohrdommeln aus dem Schilf auf. Einmal fuhr sie in eine nahe gelegene Stadt, um Whisky und frisches Fleisch zu kaufen. Die Regierung hatte in einem orange und weiß angemalten Wohnwagen einen Spirituosenladen eröffnet.

Sie arbeitete morgens und abends, doch schaffte

sie weniger als normalerweise im Büro, denn dieses eine Mal wollte sie sich Zeit lassen.

Eines Abends nahm sie ihren Teller mit nach draußen, um auf der Treppe beim Holzschuppen in der Sonne zu essen (die Dunkelheit in der Küche ließ darauf schließen, daß der Erbauer des Hauses – welcher Cary es auch immer war – seine Frau jedenfalls nicht um Rat gefragt hatte). Der Bär saß so dicht bei ihr, wie es ihm bei der Länge seiner Kette möglich war. Sie löste die Kette und er kam heran, um sich neben ihrem Knie niederzulassen. Sie streckte eine Hand aus und massierte seinen Nacken. Seine Haut hing lose an seinem Rücken, und sein Fell war dick, dick, dick, und begann dank der Bäder wieder zu glänzen. Ernsthaft starrte er sie an und drehte den Kopf von einer Seite zur anderen, als könne er sie mit beiden Augen gleichzeitig nicht sehen.

Später ging sie wieder nach oben. Sie war völlig vertieft in das Katalogisieren einer Reihe von viktorianischen Naturkundehandbüchern, als sie von unten ein unbekanntes Geräusch hörte und innehielt; erstarrte; den Atem anhielt. Quietschend öffnete sich eine Tür.

Einen Augenblick lang empfand sie ohnmächtige Panik. Dann entspannte sie sich ein wenig, ohne zu wissen, warum. Die schweren Tritte, die sich näherten, waren von einer Art Kratzen begleitet: Klauen klapperten auf dem Linoleum in der Küche.

Sie hörte, wie er an dem emaillierten Wassereimer seinen Durst löschte.

Sie ging an das obere Ende der Treppe. Sie sah, wie er sie von unten aus der Dunkelheit anstarrte. »Geh wieder ins Bett«, befahl sie ihm.

Seine dicken Beine stemmten sich die Stufen hoch, direkt auf sie zu. Sie zog sich zu ihrem Schreibtisch zurück, setzte sich darauf und rückte ganz nah ans Fenster.

Im Haus sah er tatsächlich sehr groß aus. Am Ende der Treppe richtete er sich mit baumelnden Tatzen zu seiner vollen Höhe auf und nahm jene Positur ein, deretwegen der Bär mit dem Menschen verglichen wird: er ist eine Kreuzung zwischen einem König und einem Riesenmurmeltier, dachte sie, als er mit kurzsichtigem Blick den Kopf drehte. Dann hob er wie zum Gruß oder zum Segen die Vordertatze und sackte wieder auf alle Viere herunter. Bedächtig wanderte er um das hintere Ende der Kaminwand herum und legte sich vor dem Feuer nieder.

Er kennt seinen Weg, dachte sie.

Vorsichtig ging sie zu ihm. Er rollte sich zusammen wie ein Hund und versuchte, eine bequeme Lage zu finden. »Also«, sagte sie zu ihm, »du hast vielleicht Nerven.«

Der Raum schien jetzt dunkler zu sein. Sie zündete eine zusätzliche Lampe an. Als sie zischend aufflammte, sah der Bär hoch, dann legte er seinen Kopf auf seine Vordertatzen und schien einzuschlafen.

Sie merkte, daß es unmöglich war, mit dem Rücken zu ihm zu tippen. Sie machte einen Fehler nach dem anderen. Also holte sie sich etwas zu trinken und ein Buch und setzte sich aufs Sofa in seiner Nähe, nicht ohne an Homers Warnung denken zu müssen: »Er ist trotz allem ein wildes Tier.«

Sie hatte sich eine Lebensbeschreibung von Beau Brummell aus dem Bücherbord genommen. Vielleicht führte der Weg zu Cary über seine Zeitgenossen, obwohl sie sich den Beau so wenig im Busch vorstellen konnte, wie vermutlich er sich selbst verdreckt und wahnsinnig unter den Nonnen von Calais.

Das Buch besaß sämtliche miserablen Eigenschaften einer postviktorianischen Biographie. Es war pompös, spekulativ, schlecht recherchiert und hatte kein Register. In gewisser Hinsicht ist die Welt besser geworden, dachte sie, und vor ihrem geistigen Auge schwirrte ein Schwarm Scholaren von Faktum zu Faktum, und sie alle berichtigten und bereinigten das Leben des Lebemanns, der die Krawatte erfunden hatte und von seinem Stolz so besessen war, daß er den König beleidigte. Cary könnte ihn gekannt haben, dachte sie. Er war nach Kriegsende in London. Vielleicht dinierte er mit einem Offiziersfreund im Whites Club. Hätte er dem Mann, der sich geweigert hatte, seinem Land in Manchester zu dienen, die kalte Schulter gezeigt, oder hätte er gelacht und sich die Hände gerieben? Vielleicht warf er nur einen kurzen Blick auf ihn und beschloß dann an Ort und Stelle, auszuwandern.

Das Feuer flackerte. Der Bär schnaufte im Schlaf und blinzelte ab und zu mit seinem dem Feuer zugewandten Auge. Ihr wurde warm, sie warf ihre Schuhe von sich und ertappte sich dabei, wie sie mit ihren bloßen Füßen über seinen dicken, weichen Pelz strich, ihn mit ihren Zehen erkundete, herausfand, daß er Tiefen um Tiefen hatte, Schichten um Schichten.

Der Beau eroberte Herzoginnen. Der Beau wußte, wie man's machte. Sie war nicht einverstanden mit dem, was er tat, und gleichzeitig bewunderte sie ihn. Sein arrogantes unfehlbares Gespür für sich selbst versagte nie. Äußeren Umständen und Tatsachen beugte er sich grundsätzlich nicht. Zu seinem Glück hat er nie geheiratet, dachte sie: ein häusliches Leben hätte er als anstößig empfunden. Der Kornett Brummell, der nicht nach Manchester ziehen wollte (nicht darum, weil er sich aus liberalen Gründen geweigert hätte, einen Volksaufstand niederzuschlagen, nein, feine Herren gehen eben nicht nach Manchester), der die Realität nicht mit der Feuerzange angefaßt hätte, der die Krawatte erfand und Sauberkeit zur Mode machte ... also wirklich!

Sie sah hinauf zu Cary und hinab zum Bären und war auf einmal in höchstem Maße glücklich. Welten änderten sich. Zwei Männer in scharlachroten Uniformen, zwei Männer, die gut gelebt hatten; weder reich noch hochwohlgeboren und beide, dessen war sie sicher, am Ende ruiniert. Sie fühlte sich als Siegerin über die beiden; sie fühlte, sie war ihre Erbin: eine Frau, die ihren Fuß am dicken, schwarzen Pelz eines Bären rieb, war mehr, als sie sich je hätten träumen lassen. Mehr sogar als ein militärischer Sieg: glanzvolle Größe.

Unsinn. Zuviel Whisky. Sie stand auf und blies die zusätzliche Lampe aus. Es war Zeit, ins Bett zu gehen. Cary und Brummell brauchten weder ihr Mitleid noch ihre Siege. Cary war nicht ruiniert: dies war sein Haus, und sie lebte darin. Unsinn. Wie töricht sie war.

»Komm mit«, sagte sie barsch zu dem Bären. Sie stellte den Schirm vor das Feuer und löschte die Tilley-Lampe. Der Bär richtete sich auf und gähnte, rumpelte vor ihr die Stufen hinunter und wackelte bei seinem Abstieg unbeholfen mit dem Hinterteil. Er ging durch die Hintertür, ohne sich umzuschauen, und sie schloß hinter ihm ab. Pumpte sich einen frischen Eimer Wasser, ging zu Bett.

9

Am nächsten Morgen saß sie in der Sonne, mümmelte ihr Frühstück und zitterte vor Kälte, denn das Wetter hatte sich zum schlechteren gewendet. Der Bär lag wie üblich im Eingang seines Stalls und starrte sie an. Was denkt er? fragte sie sich.

Als Kind hatte sie viele Bücher über Tiere gelesen. War aufgewachsen mit dem heiteren Maunzen von Beatrix Potter, A. A. Milne und Thornton W. Burgess; hatte dann Jack London entdeckt, Thompson Seton – oder hieß er Seton Thompson, bei dessen Büchern die Spuren von Tieren auf den Rändern der Seiten waren? Grey Owl und Sir Charles Roberts, der Widerling, den ihre Großmutter so geliebt hatte. Wilde Pfade und flüchtende Schritte hatten jene Generation beschäftigt, Tiere in Menschengestalt, verkleidet als Tyrannen, Helden, Märtyrer, brave kleine Kinder und schwatzhafte Hausfrauen. Eine Zeitlang schien es, als wäre die Welt der Eltern und Bibliothekare von keinen anderen Wesen als von Tieren und Elfen bevölkert. Vielleicht der einfachste Ausweg, seit Freud die kindliche Sexualität entdeckt hatte.

Aber sie hatte keineswegs das Gefühl, daß die Schreiber oder Käufer jener Bücher wußten, was Tiere wirklich waren. Sie hatte keine Ahnung, was Tiere wirklich waren. Sie waren Lebewesen. Sie waren keine Menschen. Sie vermutete, daß ihre Körperfunktionen durch Größe, Form und Komplexität ihres Gehirns geprägt wurden. Sie vermutete, daß sich auch in ihnen verschwommene, flackernde, vage psychische Prozesse abspielten.

Sie sah, wie er mit dem Kopf auf den Pfoten in der milden Sonne lag. Sie konnte daraus nicht schließen, ob er litt oder nicht litt. Ob er Schlafanzüge mit Streifen oder mit Punkten lieber mochte. Oder ob er jemals ein Buch über Menschen mit Bärengedanken schreiben würde. Ein Bär ist eher eine Insel als ein Mensch, dachte sie. Für einen Menschen.

Vergangene Nacht: das grauenvolle Schaben seiner Klauen auf dem Linoleum; der Wandel in seiner Körpergröße am oberen Ende der Treppe. Sie war buchstäblich vor Angst vergangen: untergetaucht in der Fensternische. Wenn sie stehengeblieben wäre, hätten ihr wieder die Knie gezittert. Er war kleiner als sie, nicht viel mehr als ein Meter fünfzig groß, aber ungeheuer massig, mit breitem Brustkorb und kräftigen Gliedmaßen. Sein ausgestreckter Arm war doppelt so lang wie der eines Mannes.

Nicht einziehbare Klauen: mit Respekt und einem Rest von Angst starrte sie den Bären an.

Was redet sie bloß mit dem Bären, die alte Lucy Leroy?

Wie kommt es, daß er den Weg nach oben kennt? Nein, zurück zum Anfang: wie und was denkt er?

Das Klirren ihrer Gabel auf dem Teller weckte ihn aus seinen Träumereien. Er erhob sich langsam und trottete auf sie zu, mit jener schlangenartigen Bewegung des Kopfes, die anscheinend seine Art war. Plötzlich fiel ihr ein, daß sie ihn noch nicht wieder angekettet hatte, und während sie nervös aufstand, dachte sie, ich will nicht, daß er meine Angst riecht. Sie trat einen Schritt auf ihn zu und streichelte seinen Kopf. Er leckte einmal über ihre Hand und schlenderte gemächlich zurück zu seinem Stall. Ohne Schwierigkeiten hakte sie die Kette an einem Glied seines Halsbandes fest.

Was er auch denken mag, er benimmt sich vorbildlich, dachte sie. Und ging nach oben an die Arbeit.

Auf dem Sofa fand sie das Buch über Beau Brummell vom vergangenen Abend. Es schien irrwitzig, ihn in die Geschichte dieses Ortes hineinziehen zu wollen, fort vom Tee mit der Herzogin von Sowieso, die Hunde so sehr liebte, fort von den Clubs und Banketten, wo er dank vollendeter Unverschämtheiten die erste Geige spielte. Doch diese schöne abfallende Wiese, ihr Saum von erhabenen Bäumen entlang des Flußufers, die für die Gesamtansicht sorgfältig plazierte Laterne waren Produkte seiner Welt und Zeit, denn so wie Blake und Wordsworth hatten auch Cary und Brummell ein besseres Leben gewollt. Das geltungsbedürftige Kind, das in Eton versuchte, die Aufmerksamkeit des Kronprinzen auf sich zu lenken, der lebhafte junge Offizier, der auf einer Munitionskiste in Malta über Landkarten ins Träumen geriet – sie waren genauso vom Romantizismus befallen wie die Dichter, auf deren niedere Herkunft sie verächtlich hinabgeblickt hätten. Und nun sieh dir an, wohin ihr Abenteurertum sie letztendlich geführt hatte.

Sie verbrachte einen anstrengenden, arbeitsreichen Morgen. Mittags taten sich die Himmel auf. Es regnete, als hätte es nie zuvor geregnet. Regenkübel, dicke Regenlaken grauen Wassers. Donnergrollen. Im Himmel flammten Blitze. Der Himmel war dunkelgrau. Der breite Fluß duckte und kräuselte sich, um die Regentropfen aufzunehmen. Nebel begannen aufzusteigen. Sie konnte zuhören, wie die Wiesen sich in Matsch verwandelten.

Sie ging ans Hinterfenster und starrte hinüber zur Höhle des Bären. Sein Hof war ein See aus Schlamm, und verschwommen sah sie das Glühen seiner Augen in der Dunkelheit. Heute nacht kann ich ihn nicht hereinholen, dachte sie.

Regen trommelte auf das Dach und rauschte in Wasserfällen von den Dachrinnen. Sie konnte sich nicht daran erinnern, jemals einen solchen Regen erlebt zu haben, außer in England. Sie fragte sich, ob es auf der Laterne einen Blitzableiter gab. Es war ein Wunder, daß es nirgendwo hereinregnete.

Der Regen animierte sie, Wasser zu lassen. Sie

ging nach unten und fand, wie erwartet, im Nachttisch einen mit Rosen bemalten Nachttopf mit Deckel. Und machte dankbar von ihm Gebrauch. Widerstand dann dem dringenden Bedürfnis, in ihren Schlafsack zu kriechen und sich die Ohren zuzuhalten. Der Bär liegt in seinem Schlafsack und hält sich die Ohren zu, dachte sie liebevoll. Er hat keine Mittelklasseansprüche, keine Fassade aufrecht zu erhalten, nicht einmal vor sich selbst. Sie ging in die Küche und machte sich daran, einen Topf Suppe zu kochen.

Später am Tag hörte der Regen plötzlich auf. Die Sonne kam heraus und glänzte durch die Bäume und verwandelte die Aussicht von der Bibliothek in einen märchenhaften Tunnel aus Grün. Sie zog ihre Stiefel an und ging hinunter zum Fluß. Das Boot war halb voll Wasser. Sie würde es später ausschöpfen. Jetzt wollte sie zuhören, wie die Flußwelt den Regen von ihren Schwingen schüttelte.

Eine Rohrdommel schrie verhalten. Torkelnd brauste ein zurückkehrender Schwalbenschwarm über den Himmel. Ein Fisch sprang. Zu ihren Füßen glitzerte Froschlaich in der Sonne.

10

Am nächsten Morgen war es heiß. Sie führte den Bären hinunter zum Fluß, hängte seine Kette über einen Nagel im Steg und sprang nackt neben ihm ins Wasser. Er wirkte gewaltig mit seinem Pelz, der abwechselnd sich bauschte und wie ein Seehundsfell an seinem Körper klebte. Sie paddelte neben ihm wie ein Hund und plätscherte kleine Wellen zu ihm hinüber. Zur Antwort klatschte er ein paarmal mit der Pfote aufs Wasser.

Das Wasser war eisig. Sie wollte gerade zum Ufer zurückschwimmen, als er spielerisch unter sie tauchte und dann mit einer plötzlichen Drehung versuchte, über sie hinwegzuschnellen. Sie sank unter Wasser und öffnete den Mund, um zu schreien. Sie würgte, und als sie versuchte, an die Oberfläche zu kommen, war er über ihr. Einen Moment lang kam es ihr vor, als wäre sie ertrunken; dann bekam sie Luft und faßte den Mut, mit kräftigen Stößen die wenigen Meter zum Ufer zurückzuschwimmen, wo sie sich auf die sumpfige Böschung warf und keuchend nach Luft rang.

Dann spürte sie einen ungeheuren Tropfenschwall, als er sich neben ihr schüttelte. Gleich darauf begann er, mit seiner langen, gefurchten Zunge ihren Rücken auf und ab zu fahren. Es war ein sonderbares Gefühl.

Sehr viel später ging sie nach oben, um zu arbeiten, denn es gab eigentlich keinen Grund, herumzuliegen und den Nachgeschmack des Entsetzens auszukosten. Dennoch war sie innerlich aufgewühlt, und das Gefühl, mit knapper Not entkommen zu sein, besserte sich auch nicht dadurch, daß es sie daran erinnerte, wie sie einmal in einer Stimmung einsamer Verzweiflung einen Mann von der Straße mitgenommen hatte. Noch immer schreckte sie zurück vor der Erinnerung daran, wie er sich als ein Mann entpuppt hatte, der nicht gut war. Aber der Bär ... nein, es war Entsetzen, das sie verband, Entsetzen und Flucht.

Buch. Ein Buch. Immer wenn so etwas geschieht, nimm ein Buch zur Hand. Ein Blatt Papier segelte heraus.

In Wales wurde der Bär als Jagdtier gehalten. Der Name Pennarth bedeutet Bärenkopf.

Zitat: Mein gnädigster Herr geruhte und pflegte, zu der Zeit, da Seine Lordschaft auf Dero Besitzthümern befindlich ist, Seinem Bärenwächter, wenn dieser an der Weihnacht die angeordneten XII Tage mit den Tieren seiner Lordschaft zum gnädigsten Herrn kam, um für Seiner Lordschaft Kurzweil Sorge zu tragen, alljährlich zu geben XX Schiling. – Hofhaltungsbuch, der Graf von Northumberland.

Die Eskimos glauben, daß die Seele eines verwundeten Polarbären drei Tage in der Nähe des Ortes verweilt, an dem sie seinen Körper verläßt. Viele Tabus und Versöhnungszeremonien werden beim Schlachten des Kadavers und beim Verzehr des Fleisches eingehalten.

Den Lappen gilt der Bär als König der Tiere. Jäger, die ihn erlegen, müssen drei Tage lang allein leben, andernfalls werden sie als unrein betrachtet.

»Aber er hat mich nicht gejagt, er hat mit mir gespielt!« rief sie laut. Der Gedanke an den Bären reizte, verfolgte, quälte, war Schmerz. »Oh Herr, bewahre ihn vor allem Übel!« hörte sie sich sagen. Sie hatte seit Jahren nicht gebetet.

11

Am nächsten Tag kam Homer mit Sim, seinem Sohn, und einem Motorpflug und Saatgut. Sie hatte vergessen, daß er ihr helfen wollte, einen Garten anzulegen.

Nördlich des Hauses gab es im Dickicht einen kleinen Pfad, der zu einer Lichtung mit Pilzen und giftigem Efeu führte.

»Die Himbeeren da drüben«, sagte er. »Sie könnten die Himbeeren beschneiden. Es gibt nichts Besseres als die hiesigen Himbeeren. Manche sagen, der alte Colonel Cary hätte sie mitgebracht. Solche wie hier kriegt man unten im Süden nicht. Übrigens, Himbeeren mögen Holzasche. Sim kann sie für Sie beschneiden – so, wie Sie dastehen, glaub ich nicht, daß Sie eine besonders begeisterte Gärtnerin sind – und im Hochsommer haben Sie dann ein paar Prachtexemplare. Und außerdem müssen Sie hier in der Gegend im Sommer nach wildem Spargel Ausschau halten. Kleines dünnes Zeug. Spatzengras

nennen es die Leute. Immer wenn ich eine Handvoll wilden Spargel finde, nehme ich meinen Hut ab und sage Colonel Cary ein kleines Dankeschön, weil ich weiß, daß er ihn hergebracht hat. Mögen Sie Pilze?«
Er stand da und starrte sie mit funkelnden Augen an, ein merkwürdiges Vertreterlächeln auf dem Gesicht.
»Klar.«
»Morcheln im Wald. Maimorcheln. Sind Sie schon da hinten im Wald gewesen?«
»Nur in der anderen Richtung, drüben beim Bibertümpel.«
»Ach, da ist alles Sumpf, aber hier oben hatte er nämlich einen Obstgarten mit Apfelbäumen. Also, Sim und ich werden diesen Teil für Sie in Ordnung bringen und pflügen, und Sie können einfach losgehen und Morcheln suchen. Häßliche Dinger sind das, aber schmecken prima. Müssen Sie in Butter braten. Ich glaube, die Dinger sind schuld, daß ich mich nie mit Margarine angefreundet habe; so viele Sachen, die mit ein bißchen Butter oder Schmalz wunderbar sind, schmecken mit Margarine überhaupt nicht. Also, wir graben das hier alles einmal grob für Sie um, und dann können Sie's harken, und wenn Sie Köpfchen haben, vergessen Sie mal, daß Sie 'ne Dame sind und schnappen sich ein bißchen Mist aus dem Bärenstall und düngen das Stück damit – oh ja, ich habe Sie gesehen, ich weiß, daß Sie ihn da rausholen und auf der anderen Seite des Hofes anbinden, Sie sind dicke Freunde, der Bär und Sie. Hühnermist wäre besser, aber was man nicht hat, hat man eben

nicht. Ungefähr Ende der Woche können Sie dann die Samen reintun. Einiges schnappen Ihnen die Kaninchen weg, aber Sie schaffen's schon, ein paar Bohnen und Kohl und Erbsen durchzubringen. Stangen sind im Schuppen.

Die Kartoffeln und die Steckrüben – davon haben die Leute hier früher gelebt –, aber ich schätze, Sie bleiben nicht lange genug hier, um die Ernte abzuwarten.«

Was er noch zu sagen hatte, ging unter, weil Sim den Motorpflug anwarf, der mehr Krach machte als hundert Motorboote. Sie floh ins Unterholz und entdeckte schwarze, knorrige alte Apfelbäume und Dutzende jener eigenartigen morschen Phallen namens Morcheln. Sie spielte mit dem Gedanken, die Pilze für Homer und den schweigsamen Albino Sim zu braten, aber auf einmal hörte der Lärm auf, sie winkten ihr zum Abschied und tuckerten davon in die Dämmerung.

Sie briet und aß ihre Morcheln und fand, daß sie gut schmeckten – so wie angeblich Trüffeln schmecken sollten, aber nur in Büchern, nie in Wirklichkeit –, dann ging sie nach oben und verbrachte den Abend damit zu lesen, Scotch Whisky zu trinken und an einem Lifesaver-Lolli zu lutschen, den ihr Homer als kleine Aufmerksamkeit in die Tasche mit den Lebensmitteln und Samen gesteckt hatte.

Erst lange nach Mitternacht ging sie ins Bett, nicht sehr viel schlauer geworden durch die Lektüre eines Buches, das den Anspruch erhob, die Genesis und die »Entstehung der Arten« unter einen Hut zu bringen.

12

Nun lehrten die langen, warmen Tage sie die Bedeutung vom Hans-im-Glück-Sein. Sorgfältig bepflanzte sie den Garten und brachte, ohne weiter darüber nachzudenken, den Bären zum Wühlen an die Stelle mit den Morcheln, wo er in einer Art Ekstase schaufelte, grub und schnüffelte, manchmal mit seinen trüben Augen zu ihr emporblickte und sogleich wieder an die Arbeit ging, als wäre keine Zeit zu verlieren. Hinterher führte sie ihn zum Fluß, wo er wie eine breithüftige Frau im Wasser saß und seinen Hintern an den Steinen schubberte.

»Ich liebe dich, Bär«, sagte sie.

In jener Nacht beunruhigte sie der schwere Tritt des Bären auf den Stufen nicht. Laß ihn kommen. Sie hatte ein Buch aus dem Regal genommen und wollte gerade eine Karteikarte dafür anlegen. Sie hatte es leicht geschüttelt; ein schmaler Streifen Papier war herausgefallen. Als sie den Bären auf der Treppe hörte, lehnte sie sich vor. Am Kamin vorbei trafen sich ihre Blicke.

»Geh, setz dich«, sagte sie, und er tat es.

Die Heilige Ursula, Großbr., hatte elf- oder einundsiebzigtausend Jungfrauen in ihrem Gefolge. Vergl.: Selders Kommentar zum achten Gedicht aus Draytons »Polyolbion«. Der Ursulinenorden, 1604 in Paris von Madame de Ste. Beuve gegründet, entstand zur Unterstützung der Armen und zur Erziehung von Kindern. Ursula und ihre Kinder bevölkern den Himmel.

Auf der Rückseite des Blattes war ein Rezept für Tinte.

Der Bär saß am Kamin. Sie hob ihren Kopf und schloß ihre Augen und dachte an die anderen Blätter, die schon aus irgendwelchen Büchern gefallen waren. Sie dachte an Homer, der gesagt hatte: »Die haben immer einen Bären gehabt.« Sie dachte an Byrons Mutter, die vergeblich Geld zusammenkratzte, um Newstead Abbey erhalten und den Bären füttern zu können. Sie sah den Bären an. Er saß da, massiv wie ein Sofa, häuslich, ein Teppichbär. Sie kniete neben ihm nieder. Er roch besser als damals, bevor sie begonnen hatte, mit ihm baden zu gehen, aber sein ureigener Geruch war nicht verschwunden, ein Duft nach Moschus, so durchdringend wie der hohe, süße Ton einer Hirtenflöte.

Sein Fell war so dick, daß ihre Hand sich zur Hälfte darin verlor. Sie massierte seine höckerigen Schultern. Neben ihm zu sitzen, gab ihr ungekannten Frieden. Es war, als ob der Bär, wie die Bücher, Generationen von Geheimnissen kannte; aber er brauchte sie nicht preiszugeben.

Da Leidenschaft nicht zu den Charakteristika des Bibliographierens gehört, brachte sie systematisch die Katalogisierung des Buches zu Ende, an dem sie gerade gearbeitet hatte; versah die entsprechende Karteikarte mit einem kleinen privaten Zeichen, um festzuhalten, daß sie eine Bären-Notiz darin gefunden hatte, legte noch eine Karte an und vermerkte darauf, vor welcher Seite und in welchem Buch sie den Zettel gefunden hatte. Sowie Zeit und Datum, worüber sie selbst erstaunt war.

Sie brachte den Rest der Nacht damit zu, für die anderen Zettel ebensolche Karten anzulegen, auch wenn sie für die Funde keine genauen Zeiten und Daten mehr angeben konnte. Während sie das tat, fragte sie sich, warum sie es tat; ob sie versuchte, eine Art *I Ging* für sich zu konstruieren. Nein: sie glaubte nicht an übernatürliche Dinge, sie war Bibliographin, sagte sie sich. Sie wollte dieses Verzeichnis nur um der Vollständigkeit halber.

Im Morgengrauen ging sie zu Bett und gab vorher dem Bären sein Frühstück, als sie ihn im Hof ankettete. Er hockte sich auf der Stelle hin und machte einen großen Haufen, der in der Morgenkühle dampfte. Sie beobachtete sein Gesicht, während er sein Geschäft verrichtete, und amüsierte sich ein wenig über sich selbst, da sie eine Gefühlsregung erwartete und keine entdecken konnte. Sie hatte nichts beizusteuern.

Sie schlief bis zum späten Nachmittag, und als sie am Abend allein, ohne ihren Freund, oben arbeitete, fand sie einen Zettel, auf dem stand: *Waldo, in der ruthenischen Sage ein verlorener Prinz, wird von einem Bären, der goldene Haufen macht, aus Schanden errettet.* Sie legte eine weitere Karte an.

Am nächsten Morgen hatte sie sich wieder den normalen Tageszeiten angepaßt und erwachte in bester Laune. Lag einen Augenblick da und genoß das Licht. Ging zur Tür, um die Sonne zu begutachten. Es war warm, aber die Insel brodelte plötzlich von Kriebelmücken und Moskitos. Sie schlug um sich, trat den Rückzug an und zog sich etwas über.

Während sie aus Loyalität mit dem Bären draußen frühstückte, versuchte sie sich zu erinnern, wie lange die Zeit der Kriebelmücken dauerte. Sie kam zu dem Schluß, daß sie es noch nie gewußt hatte. Bis Mitte Juli vielleicht. Sie versuchte, die Kriebelmücken als positives Zeichen für die Lebendigkeit des Nordens zu betrachten, als Zeichen dafür, daß die Natur sich niemals geschlagen gibt, daß der Mensch zwar bis an die Zähne bewaffnet ist, daß es aber Dinge gibt, die er einfach nicht unter Kontrolle bekommt, beispielsweise ein Wesen, nicht größer als eine Fliege, das durch ihre Hosen hindurch einen Brocken Fleisch aus ihrem Schienbein riß. Blut strömte aus ihrem Bein. Sie ging ins Haus.

Damit der Bär nicht enttäuscht war (denn sie hatte herausgefunden, daß sie ihm jedes beliebige Gesicht aufmalen konnte, während jedoch die Skala seiner wahren Gesichtsausdrücke ein Geheimnis blieb), ging sie, vollgeschmiert mit Moskitosalbe, hinaus und brachte ihn zur flachsten Stelle des Flußarms, wo das Wasser warm war. Während er am Ende seiner Kette herumschwamm und jedesmal vor Überraschung spritzte, wenn er das Ende seiner Freiheit erreichte, saß sie am Ufer, die Beine unter Wasser und oben geschützt durch einen Pullover mit Kapuze, und verjagte die Insekten. Der Bär ließ sich auf den glitzernden Steinen nieder und kratzte und fuchtelte, als Moskitoschwärme in seine Augen und seine Nase eindrangen.

»Oh Bär«, lachte sie, »wir sind ein lustiges Pärchen.« Er drehte sich um, und auf seinem Gesicht lag ganz eindeutig ein Grinsen.

Die Insektenwolke stets um sich, strampelte sie sich ab, um den Garten in Schuß zu halten. In der feuchten Witterung gediehen die Pflanzen prächtig, aber sie haßte es, in ihren Lederstiefeln im Morast zu stehen und die Furchen zu harken, oder sich hinzuknien und Unkraut zu jäten. Bei der Arbeit hatte sie sich ein Stück Mull um den Kopf gebunden und kam sich vor wie die Frau eines kolonialen Verwaltungsbeamten in Indien, die sich verzweifelt abmühte, ihre Umgebung zu ertragen. Das dünne Tuch blähte sich und kitzelte sie beim Atmen. »He«, wollte sie rufen, »ich bin doch ein Stadtmensch.« Zerstochen und voller Pusteln, mit neuem Respekt für Farmer und Siedler, ging sie ins Bett.

Mitten in der Nacht hörte sie seine Tritte: Tapsen und sanftes Klacken der Klauen auf dem Küchenfußboden. Sie lag ganz still, wagte nicht zu atmen, dachte an die offenen Stiche auf ihrem Nacken und erinnerte sich daran, daß sie ihn nicht gefüttert hatte. Sie zog den Schlafsack am Hals fest zu, lag steif und angespannt da. Er trottete durch die Schlafzimmertür und rollte sich eine Weile neben ihr zusammen, schnüffelte und schnaufte, seine Augen schimmerten rötlich in der Dunkelheit. »Was willst du?« flüsterte sie starr vor Angst.

Er hockte lange da, starrte sie an und beroch sie. Dann ging er schnuppernd und schnüffelnd wieder hinaus.

In der irischen Mythologie, las sie später, (die Fenster wegen der Insekten verschlossen, der Bär angekettet, sie drinnen in Sicherheit, eingeigelt), *gab es einen Gott in Bärengestalt. In der schweizerischen Stadt Bern werden zur Erinnerung an die heroische Vergangenheit der Stadt in einer Höhle Bären gehalten. Wenn sich die Tiere dort zur Sommersonnenwende vor den Augen des Volkes paaren, wird den edlen Bestien auch von vielen braven Christen gehuldigt. Man sagt, daß sogar die wahrhaft Frommen ihnen voller Ehrerbietung begegnen, da der uralte Glaube herrscht, daß nicht Adam und Eva, sondern die Bären unsere Stammeseltern gewesen sind.* Dieses Blatt lag in einem Exemplar von Hugh Millers *The Testimony of the Rocks*, Colonel Cary von einem gewissen A. N. Williamson 1859 auf Cary Island zugeeignet.

13

Die Angelsaison war jetzt in vollem Gang, und sie hatte das Geräusch der Motorboote vollkommen in ihr Unterbewußtsein verdrängt, doch nun ging ein Motor aus, und sie stutzte. Sie spähte aus dem Fenster und sah, wie Homer seinen Silberfisch festmachte. Froh über menschliche Gesellschaft lief sie hinunter.

»He, Homer.«

»Hab gesehen, wie Sie den Bären heute morgen im Fluß hatten.«

»Er verkümmert doch, wenn er bloß rumsitzt. Und ich wollte ins Wasser, um die Mücken loszuwerden.«

»Bloß immer dran denken, er ist ein wildes Tier.« Mißbilligung spiegelte sich auf seinen Brillengläsern. Ich frage mich, dachte sie, was er sagen würde, wenn er wüßte, was beim letzten Mal passiert ist? An diesem Morgen hatte sie ihn nur ins Wasser gebracht, um ihre Angst zu überwinden.

»Haben die Carys so was mit ihm gemacht?« fragte sie.

»Na, ich hab nie gehört, daß die auch nur ein einziges Wort über ihn verloren. Ich habe Ihnen Bier mitgebracht. Sie sind jetzt einen guten Monat hier. Dachte, das müssen wir feiern. Sie kommen ganz gut klar, finde ich.«

Der Gedanke, daß sie eine Art Prüfung bestanden hatte, ohne davon zu wissen, amüsierte sie. Sie fragte sich, was sie hätte tun müssen, um durchzufallen.

»Ja, ich könnte ein Bier vertragen, Homer.«

»Ich sollte vielleicht den alten Kerosinkühlschrank draußen im Schuppen für Sie reparieren, aber das ist ein Mistding. Wie läuft's sonst so?«

Sie gingen in die Küche. Er köpfte zwei Bierflaschen mit dem Taschenmesser. Sie antwortete, es gefalle ihr gut hier.

»Eine Menge Leute kapieren nicht, wie Sie das aushalten.«

»Und Sie, Homer, was meinen Sie?«

»Tja«, sagte Homer und legte seinen Kopf mitsamt der Bierflasche zurück, »ich meine, das hier ist wahrscheinlich der tollste Job, den Sie je hatten, weil Sie auf so was hier stehen.«

Das freute sie. Er war ein überzeugter Lokalpatriot, und daß er sie akzeptierte, gab ihr das Gefühl, keine Touristin zu sein, niemand, auf den man herabsah. Damit verloren auch seine Warnungen vor dem Bären ihren verwünschenden Unterton. Sie fühlte sich endlich wohl mit ihm.

Homer kippte seinen Stuhl gegen die Küchenwand und begann, über den letzten Colonel Cary zu reden, den, der dem Institut die Insel vermacht hatte. Der eine Frau gewesen war.

»Es kam so«, sagte er. »Im Testament stand, daß der Besitz immer dem Kind zufallen sollte, das es zum Colonel brachte. Also, einer von den Jungs aus der ersten Generation schaffte es, weil man Offizierspatente kaufen konnte, und der alte Mann hatte Geld dafür zurückgelegt, und damals liefen eine Menge Kriege, und ich schätze, er hat sich nicht allzu blöd angestellt; aber die Folge war, daß er nicht sehr jung zum Heiraten kam. Er war gute Fünfzig, und die Frau, die er heimbrachte, war auch nicht mehr taufrisch. Als sie also ihr erstes Kind kriegten und es eine Tochter war, haben sie in aller Eile den Pfarrer oben von den Fällen geholt und sie getauft – auf den Namen Colonel.

Natürlich war der Teufel los, als sie vor vier Jahren starb und das Haus Ihrem Institut vererbte, aber sie war eine feine Frau. Hart wie Stahl, und sah dabei nicht schlecht aus. Zur Ausbildung wurde sie runter nach Montreal geschickt, und danach war sie eine Zeitlang als Lehrerin an irgendwelchen Mädchenschulen. Als dann ihre Mutter starb, kam sie hier rauf, um sich um ihren Papa zu kümmern. Er lebte bis in die dreißiger Jahre – er muß an die Hundert gewesen sein, die Gegend ist verdammt gesund und wir leben hier oben alle sehr lange –, und dann ging sie wieder zurück an die Schule, bis sie pensioniert wurde.

Es gab eine Menge Verwandte, aber kaum welche hier in der Gegend. Die Frau vom alten Colonel wollte nämlich nicht bis hier raufkommen, müssen Sie wissen; weiter als bis Toronto wollte sie von England nicht wegziehen. Zwei der Jungen kamen hoch, und der eine hatte am Ende ein Holzfällergeschäft bei den Stromschnellen. Es gab auch eine Tochter, Sarah Schneeglöckchen genannt, die führte ihm eine Zeitlang den Haushalt, aber sie war offensichtlich schlimmer als gar niemand und hatte außerdem Anfälle. Die meiste Zeit lebte er alleine da hinten im Blockhaus. Einmal brachte er einen Haufen Männer zusammen und baute drüben auf der anderen Seite des Flusses eine Sägemühle, aber der Fluß ist nicht so groß, wie er aussieht, und sie mußten ihn drei Tage stauen, um das Rad zwei Tage zum Laufen zu bringen.

Schließlich starb die Frau in Toronto, und er ging rauf zu den Fällen und hielt um die Hand von einem der Lazare-Mädchen an. ›Ich hab eine eigene Insel und ein eigenes Haus‹, sagte er, ›und ein Pianola, und Sarah Schneeglöckchen ist als Haushälterin keinen Pfifferling wert‹. ›Du nennst das ein Haus, das Ding, in dem du lebst?‹ fragte sie. ›Ich nenne das eine Hundehütte. Erst wenn du mir auf deiner gottverlassenen Insel ein Haus baust, nehme ich dich ernst, auch wenn du Protestant bist.‹

Margaret Morris, die mit dem Vorarbeiter vom Sägewerk an den Fällen verheiratet ist, hat das alles schriftlich, denn Emily Lazare war ihre Großmutter.

Das Haus hat er allerdings für Katie Lazare gebaut. Man sagt, er hat fünf Jahre gebraucht, alles zusammenzubringen. Bis auf das Bauholz mußte alles per Schiff über den See herbeigeschafft werden. Kurz bevor es fertig wurde, starb Katie. Fieber, Lungenentzündung, Gott weiß was.

Danach hielt er also um Emily an, sagt Margaret. Sie war eine wundervolle Frau, diese Emily. Sie war sehr dunkel, und einige meinten, sie hätte indianisches Blut in den Adern, aber die Franzosen sind dunkel, und es gibt auch eine Menge schottischer und irischer Frauen mit so schwarzen Augen. Sie brauchte die Maße eines Mannes bloß zu schätzen, um ihm ein blaues Flanellhemd zuschneiden zu können – richtiger Flanell war das damals, nicht dieser Pyjamastoff; sie machte es zweireihig, mit zwei Knopfreihen, wie bei einer Uniform, kein Fitzelchen blieb dabei über, und es paßte wie angegossen. Sie konnte nicht stricken, aber sie stellte die Indianer an, für sie zu stricken, sie konnte weder lesen noch schreiben, aber sonst wußte sie alles. Sie war eine von den Frauen, die das Land hier oben am Laufen hielten. Sie konnte kochen und Holz hacken und sorgte dafür, daß ihre Kinder gesund und munter waren. Sie heiratete einen von den Cadottes und hatte dreizehn Kinder. Nie hätte sie einen Engländer geheiratet, noch dazu einen so alten.

Man sagt, danach ist er irgendwie verrückt geworden, hier alleine mit seinen Büchern. Er hatte einen Bären, mit dem er immer redete. Es wurde ein bißchen besser, als sein Sohn und dessen Frau hoch kamen, um bei ihm zu leben. Die Zeiten waren damals noch hart, aber die Zivilisation war auf dem Vormarsch. Die Frau vom zweiten Colonel hat hier alles ein bißchen besser organisiert und ihre Möbel von England herübergebracht. All diese verrückten Tische gehörten ihr. Als er in dem harten Winter '78 starb, war dieser Teil des Nordens bereits erschlossen. Es war keine Wildnis mehr.

Seine Kinder kamen tatsächlich manchmal hoch und besuchten ihn. Sie sahen mächtig nach Geld aus und hatten gute Manieren. Auf Bildung wurde Wert gelegt in der Familie, und das Ergebnis waren eine Menge Doktoren und Anwälte. Zu Lebzeiten von Colonel Jocelyn kamen viele von ihnen im Sommer hier rauf und sausten mit ihren Chris Craft-Booten herum.

Die waren wahnsinnig sauer, als sie alles dem Institut vermachte. Mit ihren Cousins aus Cleveland kam sie gut aus, aber die haben sowieso genug Kies. Ich finde, sie hatte recht, es als historische Stätte zu hinterlassen. Es war eine historische Stätte, verdammt. Wer außer Colonel Cary hätte sonst ein Vermögen aus dem Fenster geworfen, um diesen Schuppen zu bauen? Die verfluchte Insel ist bloß eine Sandbank, man kann hier nichts anbauen. Man kann keine Ferienhäuser draufstellen, jetzt, wo man fließendes Wasser und Abwassertanks wegen der Verschmutzung braucht. Die ganzen Sommergäste heutzutage wollen Wasserklosetts und Waschmaschinen. Ihr Scheißhaus, pardon, ist ökologisch wertvoll, so nennen die das heute.«

»War Colonel Jocelyn eine große Frau?«

»Nicht groß, nicht klein. Etwas größer als Sie, aber nicht viel. Sie hatte einen englischen Gang, so als ob sie dauernd auf einem Pferd reiten würde. Sie war die erste Frau hier oben, die Hosen trug. Hätte einen Skandal geben können, wenn jemand dafür Zeit gehabt hätte. Es gab Leute in der Familie, die sagten, sie wäre ein Snob, und die verstanden sich überhaupt nicht mit ihr. Wenn die zu Besuch kamen, gab sie ihnen einen Haufen Sachen, Porzellan, Silber. Sie sagte, sie bräuchte keine Kostbarkeiten, sie wollte nichts als ihre Insel.

Jedenfalls eine prächtige Frau. Wir hatten damals noch keine Maschinen zum Schneeräumen, aber wenn sie im Winter etwas brauchte, kam sie zu Fuß zu uns rüber und zog ihren kleinen Schlitten hinter sich her. Sie war die einzige, bei der ich nie Angst hatte, sie würde ins Eis einbrechen.

Nachdem sie hierher zurückgekommen war, lebte sie hauptsächlich allein. Ich hab nach ihr geschaut, so oft es ging, obwohl ich es hasse, übers Eis zu laufen. Manchen Leuten macht es nichts aus, aber ich bin kein Held in der Beziehung. Ich trau dem Eis nicht. Kenne zu viele, die eingebrochen sind.

Die Leroys und die Kings waren richtig nett zu ihr. Sie waren befreundet. Sie und Lucy zusammen – das ging ab wie die Feuerwehr. Wissen Sie, manche Leute erzählen, Lucy wäre ein Mestize, aber das liegt lange zurück. Ich glaube, sie und Joe sind fast Vollblutindianer, und das bedeutet, daß man nie weiß, wo sie gerade sind.

Sie mochte dieses komische Bier übrigens auch. Wenn die Mückenzeit vorbei war, saßen wir oft zusammen am Steg und schlürften eine Sechserpakkung leer. Sie war ein toller Gärtner und ein toller Angler. Sie hatte so große Hände wie ein Mann, sogar größer als meine, und sie hampelte nicht mit irgendwelchen Schönheitswässerchen rum. Hielt das Haus blitzsauber und alles Silber blank, das sie nicht weggegeben hatte. Backte Brot. Machte alles, was Frauensache ist, und schnallte den Gürtel enger, wenn's sein mußte. Zu der Zeit gab's nämlich nicht viel Geld in der Familie, trotz der Herkunft aus englischem Adel, und was da war, wurde für das Haus und die nächsten Verwandten in Toronto ausgegeben. Ihre Pension war nicht gerade fürstlich. Ich schätze, heute könnte sie ihre ganzen Möbel als Antiquitäten verkaufen, aber das Antiquitätengeschäft ist noch ziemlich neu. Nein, bis ins hohe Alter zog sie zur richtigen Jahreszeit ihre Wasserstiefel an, fuhr im Boot los und stellte Ratten- und Biberfallen auf. Das ist harte, kalte Arbeit, man muß ein halber Indianer sein, um das durchzustehen, aber sie schaffte es. Sie kannte alle Bäche und Buchten, sie hatte natürlich eine Lizenz und keine Angst vor der Arbeit. Aber als der anglikanische Missionar mit seiner Frau auf der Durchreise vorbeikam, deckte sie die blauen Teller auf, und was vom Silber übrig war (meiner Frau fielen die Augen aus dem Kopf, als sie das Teeservice sah), und zog ein

Kleid an, das aussah wie aus einem alten Hollywood-Film, und ihre Gäste hatten das Gefühl, absoluter Durchschnitt zu sein.

Als alte, sehr alte Frau, im Jahr bevor sie starb, fing sie einmal einen Luchs. Nach dem Wie und Warum hab ich sie nie gefragt. Schätze, er ist in eine der Fallen gegangen. Ich weiß bloß, daß sie mich bat, es irgendeinem Mister Sowieso zu erzählen, weil sie keine Lizenz für den Luchsfang hatte. Sie mußte das Fell gerben und aufspannen und verstecken, konnte es dem offiziellen Händler nicht zeigen. Irgendwo in der Nähe von Saguenay gibt es einen Mann aus Quebec, der ist dann und wann vorbeigekommen, um alle Besonderheiten einzusammeln: geschützte Arten, Zufälle (ich meine, wenn man zufällig einen Luchs fängt, was soll man machen? Begraben? Beichten? Nicht um alles in der Welt), und der gab ihr zweihundert Dollar, die sie ziemlich dringend brauchte, glaube ich.

Ich hab das Fell gesehen. Es war ein Prachtstück. Kein einziges Loch. Ich weiß nicht, ob er in der Falle gestorben ist oder ob sie ihn erwürgt hat. Sie hätte das fertiggebracht. Für so was war sie wild genug. Sie hat es über Weidenruten gespannt, und es war gelb und weich wie ein Kätzchen.«

»War der Bär ihrer?«

»Nein. Ich weiß nicht, wer ihr den Bären geschenkt hat, aber man kann nicht sagen, daß es ihrer war. Ich hab das jedenfalls nie behauptet, stimmt's? Sie hat den Bären nie gemocht. Vielleicht hat Lucy ihn ihr geschenkt, aber man kann nicht sagen, daß es ihrer war, weil sie ihn gar nicht beachtet hat. Sie schien zu denken, da draußen hat es immer einen Bären gegeben, also halte ich auch einen Bären. Aber mir hat er immer leid getan, weil Lucy und Joe die einzigen waren, die sich um ihn kümmerten. Colonel Jocelyn hat ihn mehr oder weniger bloß geduldet. Ihren Irischen Setter, den hat sie wirklich geliebt.

Aber davor hatte sie einen anderen Bären, der war eine richtige Persönlichkeit. Folgte ihr wie ein Hund auf Schritt und Tritt durchs ganze Haus. Die Jäger – es gibt solche und solche Jäger, müssen Sie wissen, und ich habe nichts gegen einen Mann, der auf die Jagd geht, um Fleisch zu erlegen, ich fahre jedes Jahr nach Norden wegen der Elche, und eine Elchlizenz ist nicht billig. Wie würden Sie das finden, mit dem alten Zedernholzkanu und einer halben Tonne blutigem, totem Elch darin fünfundzwanzig Kilometer zu paddeln? Aber Elchfleisch zu jagen ist etwas anderes, als daherzukommen mit einem Gewehr und Fadenkreuzblick, wie dieser saublöde Typ, der meinte, er wäre Ernest Hemingway, und den Bären mitten durchs Herz schoß, während der nichts weiter tat, als auf dem Steg in der Sonne zu liegen.«

Sie spürte, wie sie innerlich mit einem dumpfen Laut vornüberfiel. Dann erinnerte sie sich daran, daß Colonel Jocelyn nicht Lady Caroline Lamb war, sondern eine zähe, drahtige alte Frau, die den Pelz eines gewilderten Luchses auf Weidenruten gespannt hatte.

»Sie war eine große Frau«, sagte sie zögernd.

»Nee, nee«, sagte Homer und kratzte sich am Kopf. »Sie war keine große Frau. Sie war die Nachbildung eines Mannes, aber eine verdammt gute.«

14

Ihr Selbstvertrauen geriet in eine Krise. Am Abend, nachdem Homer abgefahren war, saß sie, unfähig zu lesen oder sich zum Katalogisieren aufzuraffen, oben in Colonel Carys bewunderungswürdigem Arbeitsraum, der unter dem Aspekt von Zweck und Zweckerfüllung sicherlich einer der großartigsten Räume der Welt war. Sie fragte sich, mit welchem Recht sie dort war und warum sie tat, was sie tat, um sich ihren Lebensunterhalt zu verdienen. Und wer sie war.

Normalerweise tauchten solche Zweifel immer erst Wochen nach dem Beginn einer neuen, anspruchsvollen Aufgabe auf, aber dieses Mal kamen sie ihr früh, gleich nachdem sie sich richtig in ihren Arbeitsrhythmus hineingefunden hatte. Vom Verstand und sogar vom Gefühl her begriff sie die Notwendigkeit, Ziele neu zu bestimmen, aber sie vermochte nicht zu begreifen, warum die Phase der Neubestimmung von Depression begleitet sein mußte, von einem existentiellen Schrei in ihr und von einer rauhen inneren Stimme, die nicht das Projekt, an dem sie arbeitete, in Frage stellte, sondern sie selbst. »Was tue ich hier?« fragte sie sich, und die innere Stimme antwortete: »Wer zum Teufel bist du denn, daß du die Frechheit besitzt, überhaupt hier zu sein?«

Sie hatte Bier getrunken. Ihr Kopf schmerzte und drehte sich. Außerdem fühlte sie sich schuldig, als hätte sie Homer ein Geheimnis offenbart, das sie nicht hätte offenbaren dürfen. Als hätte sie etwas Schlechtes getan, und er wüßte es.

Sie versuchte, sich auf Äußerlichkeiten zu konzentrieren, auf ihre Karteikarten, auf ihre Notizen. Sie betrachtete die Bücherborde und erkannte deutlich, daß sie mogeln mußte, wenn sie erreichen wollte, daß der Auftrag noch den ganzen Sommer in Anspruch nahm. Die Arbeit reichte kaum noch für eine ergiebige Woche. Sie konnte bald gehen; sie wollte nicht gehen.

Sie hatte stets versucht, systematisch vorzugehen, ihre Gedanken und Gefühle zu ordnen, damit ihr Verstand überzeugende Antworten parat hatte, wenn die gräßliche, anarchistische innere Stimme über sie herfiel. Die Frage, »Was mach ich eigentlich hier?« konnte nach Belieben beantwortet werden. Einen anderen Vorrat an Erwiderungen besaß sie auf »Wer zum Teufel bist du denn, daß du unbedingt am Leben sein möchtest?« Sie rechtfertigte sich damit, daß sie nützlich war, daß sie die Lebensfragmente anderer ordnete.

Hier jedoch konnte sie sich nicht rechtfertigen. Welchen Zweck hatten alle diese Karten und Einzelheiten und Verzeichnisse? Am Anfang waren sie ihr wunderschön vorgekommen, geeignet, ein geschlossenes System zu bilden, geeignet, am Ende zu den Akten gelegt und sortiert zu werden, so daß sie eine Struktur entdecken, ein Geheimnis ergründen konnte. Jetzt gaben sie ihr ein Gefühl von Schuld; sie spürte, daß sich aus ihnen niemals etwas annähernd so Aufschlußreiches und Lebendiges ergeben würde wie Homers Geschichte oder etwas annähernd so Wesentliches. Sie stellten eine Lästerung der tatsächlichen Wahrheit dar.

Man kann jedes beliebige Leben nehmen und auf Karten quetschen, dachte sie bitter, und die Karten dann in einer Pyramiden-Patience auslegen – dann bekommt das Ganze schon irgendeinen Sinn; nie aber konnte man erreichen, daß die Karteikarte »Campbell, Homer« auch nur annähernd soviel Sinn in sich barg wie das, was Homer an diesem Abend vermittelt hatte. Bald würde sie zugeben müssen, daß sie hier oben nur ihren Dienst versah, ihre Zeit absaß, bis sie starb. Colonel Cary war mit Sicherheit eine der großen Belanglosigkeiten der kanadischen Geschichte, und für sie galt das gleiche. Keiner von ihnen wurde mit irgend etwas Wichtigem in Verbindung gebracht.

Sie kam sich kindisch vor und schmollte. Sie wußte, sie mußte irgend etwas Handfestes tun, bis die Stimmung vorüberging. Es war nicht gut, herumzusitzen und zu grübeln. Sie ging nach unten und machte den Bären los. Brachte ihn ans Wasser und versuchte, sich über seine prächtigen Purzelbäume und Tauchkünste zu freuen. Aber auch er schien gedämpft und voller Kummer zu sein. Der flache Flußarm war warm, aber wenn sie ins Tiefe wollte, mußte sie in eiskaltem Wasser schwimmen. Einmal, als der Bär auf sie zutrieb und, wie bei einem Krokodil, nur seine Augen und Nasenlöcher aus dem Wasser lugten, mußte sie kurz lachen, aber irgend etwas trübte auch diesen Moment, und in düsterem Schweigen brachte sie ihn zum Ufer.

Sie ging wieder nach oben und sah die Karten durch, die sie angelegt hatte. Die Bibliothek war konventionell und die Informationen zu Carys Person waren dürftig. Sie war mit ihrer Arbeit noch nicht weit genug gediehen, um ihnen einen Sinn beimessen zu können, und vielleicht würden sie nie einen Sinn erhalten. Sie fühlte sich wie ein französischer Romancier, der Handlung und Figur im herkömmlichen Sinne verworfen hat, und dem nun nichts anderes übrig bleibt, als eine abstrakte Struktur zu entwerfen, wofür er aber wiederum der Tradition zu stark verpflichtet ist. Sie fühlte sich schwach, unfähig, sich vom Konkreten zu befreien. Wenn sie versuchte, sich in Ideen zu flüchten, endete sie in Mißmut.

Ganz gewiß ist das überhaupt nicht der Zweck der Übung, sagte eine praktische Stimme in ihr: du bist schlicht und einfach hier, um die Anweisungen des Direktors auszuführen.

Tief in ihren Akten war der erste Brief des Direktors vergraben, in dem sie angewiesen wurde, a) die Bibliothek zu katalogisieren, die Colonel Cary von Cary Island dem Institut hinterlassen hatte, b) ein separates Gutachten über Geschichte und Zustand dieser Bibliothek anzufertigen, c) einen ausführlichen Bericht über die Eignung von Cary Island als Zentrum für die Erforschung der Siedlungsgeschichte der nördlichen Region zu erstellen und d) unter Angabe von Quellen alle zusätzlichen Informationen aufzulisten, die Historikern, die sich für die Siedlungsgeschichte in der Zeit von Carys Wirken interessierten, von Nutzen sein würden.

Sie las die Anweisungen zweimal durch und seufzte vor Erleichterung. Alles, was sie tat, würde relevant sein. Hier war ihre Berechtigung zu existieren.

15

Am nächsten Morgen brach sie mit dem Bären an seiner Kette zu einem Erkundungsgang auf; dabei benutzte sie einen groben Plan, den sie aufgrund von Vergleichen zwischen Land- und Seekarten selbst gezeichnet hatte. Nachdem der Bär ein paar Minuten an seiner Kette gezerrt hatte, ließ sie ihn laufen. Sie wußte, daß er zurückkommen würde.

Sie zeichnete den Steg, die Nebengebäude und das Krähennest ein. Sie zeichnete eine Reihe Steine ein, die scheinbar ein Fundament gebildet hatten. Dann schlang sie sich wegen der Kriebelmücken einen Schal fest um den Kopf und machte sich zum südlichen Teil des Dickichts auf, wohin der Bär verschwunden war. Sie fand ihn, wie er fröhlich unter einem verrotteten Balken herumwühlte und sich tatzenweise Erde und Maden ins Maul schob. Sie stand eine Weile ruhig da und lauschte der gespenstischen Halbstille des Waldes. Die Singvögel waren zurückgekehrt. Ein Specht klopfte. In weiter Ferne hörte man ein Motorboot.

Der Wald hatte die erste Unschuld des Frühlings verloren. Der Stinkkohl entfaltete seine breiten Blätter, die Wachslilien vertrockneten. Die Sonne schien durch dünnes Blätterwerk. Sie pfiff den Bären herbei und ging weiter, wobei sie sich parallel zum plätschernden Geräusch des Ufers einen Pfad bahnte und nach Steingebilden, Umrissen von zerfallenen Hütten, nach allem Möglichen Ausschau hielt, und versuchte, sich vorzustellen, wie es gewesen sein mußte, von Portland oder Bath hier anzukommen und diese Umgebung vorzufinden.

In dieser Hinsicht war die Insel unscheinbar. Sie hatte Gebiete von Kanada gesehen, bei deren Anblick jeder Entdecker die Augen verdreht hätte wie Cortez, der Kühne. Hier war alles eher zahm, auch wenn der Fluß wunderschön und die Farbenpracht im Herbst wahrscheinlich überwältigend war.

Plötzlich trat sie aus dem Wald und stand an der Südspitze und dachte, mein Gott, da stimmt ja überhaupt nichts.

Der Fluß war breit und strudelnd. Inseln und Richtfeuer flimmerten in der Sonne. Der Bär brach durch das Farnkraut und stürmte schnaufend auf sie zu.

Deswegen sind sie hergekommen, dachte sie: Sie waren versessen auf Landschaft. Sie wollten Aquarelle malen, und Robert Adam sollte ihre Salons, Humphry Repton ihre Fassaden und Robert Brown, der Tüchtige, ihre Gärten gestalten. Wenn daraus nichts wurde, bauten sie Blockhäuser mit hübsch proportionierten Fenstern, die nicht zu der Seite hinaus gingen, wo die Aussicht am schönsten war, sondern dorthin, wo der Sumpf Platz machte für Ahorn und Sand, und wo es etwas Schutz vor der Witterung gab. Wenn ihre Geschäfte florierten, ersetzten sie die Hütten durch große viktorianische Häuser und schickten ihre Söhne fort, damit aus ihnen feine Herren wurden, die in späteren Sommern der Aussicht wegen zurückkehren würden. Sie erinnerte sich, daß die wahrhaften Romantiker unter ihnen auf schreckliche Weise zugrunde gegangen waren. Brachen durch das Eis, zogen sich Lungenentzündung oder Tuberkulose zu, starben an unbekannten Fiebern, Skorbut, Depressionen oder Einsamkeit. Nur die Zähesten und ihre spärlichen Memoiren überlebten. Oft brachen die Tagebücher, die dem Institut überlassen wurden, an dem Punkt ab, wenn die Siedler, aus England kommend, an ihrem Ziel eintrafen. Wer sein Blockhaus selbst bauen, wer seine Kleidung, Seife, Kerzen, Möbel und Werkzeuge selbst herstellen mußte, dem blieb keine Zeit, ein Fläschchen Tinte zu brauen oder sich eine Feder zu suchen, um mit der Tinte zu schreiben.

Ihre Herkunft ging auf einen Mann zurück, der mit seiner Frau und zehn Kindern aus dem Norden Irlands herübergekommen war, um sich seinem Bruder in Ontario anzuschließen, der selbst neun Kinder hatte. Während sie in New York die zweite Etappe der Fahrt vorbereiteten, ging der älteste Sohn in der Stadt auf Entdeckungsreise und verschwand. Fünf Tage lang suchten sie nach ihm und mußten schließlich ohne ihn abfahren und weinten auf dem ganzen Weg nach Kanada. Als sie Monate später beim Bruder ankamen, fragte der, »Aber wo ist unser Andrew?« worauf das Oberhaupt der Familie hinaufging, sich hinlegte und starb. Mit zwei Frauen und achtzehn Kindern ließ er seinen Bruder zurück. Noch immer gab es in der Familie eine gewisse irrwitzige Hartnäckigkeit und eine erhebliche Angst vor New York.

Cary hatte allerdings zum sogenannten niederen Adel gehört, dachte sie. Nicht vergleichbar mit unserer Sippe. Eine Frau, die zu vornehm war, um ihrem Mann in die Wälder zu folgen, war unsere Sache nicht. Wir wären bei ihm geblieben, schon um sicher zu gehen, daß er nicht dem Alkohol verfiel.

Langsam und vorsichtig, damit ihre Lederstiefel nicht naß wurden, umwanderte sie, den Bären hinter sich, die wunderschöne Südspitze der Insel hinüber zur anderen Seite, wo angeblich Lucy Leroy eine Hütte hatte. In der Ferne läuteten Glockenbojen und Dampfer tuteten, doch sie streifte auf der ganzen Insel umher und fand keine Spuren einer anderen Behausung.

Als sie nach Hause kam, war sie erschöpft. Sie war im vergangenen Monat so wenig gelaufen, daß allmählich ihre Beine verkümmerten. Sie ging ins Haus und legte sich schlafen.

Als sie erwachte, war es dunkel. Benommen mühte sie sich mit den Lampen ab, kochte Kaffee und ging nach draußen, um den Bären zu füttern. Seine

Augen glimmten rotgolden in der Dunkelheit, als er sich über seinen Napf hermachte.

Sie war gerade mit dem Abendessen fertig, da hörte sie, wie er kratzte, um hereingelassen zu werden, und sie dachte, warum nicht? Als sie ihm die Tür öffnete, fiel ihr plötzlich auf, daß sie immer jemand anderen erwartete als ihn. Sie überlegte, ob er sich, so wie sie, Verwandlungen bildlich vorstellte und jeden Morgen mit den Erwartungen aufwachte, ein Prinz zu sein, und dann Enttäuschung empfand, weil er immer noch ein Bär war. Sie bezweifelte es.

Du sagst, du willst arbeiten, also arbeite. Sie ging nach oben, um zu arbeiten. An ihren Verpflichtungen hielt sie grundsätzlich fest. In einer früheren Inkarnation hatte sie bei einer Zeitung gearbeitet, zusammen mit Leuten, die immer gerade kündigen wollten, um Bücher zu schreiben, in der Zwischenzeit jedoch von einem Redaktionsschluß zum nächsten hetzten, denn einen Redaktionsschluß zu versäumen war ihre Art von Erbsünde. Sie verließ die Zeitung nicht, um zu schreiben, sondern weil irgendwann ein Bäcker, den sie anläßlich seines fünfzigsten Hochzeitstages interviewen sollte, sie anflehte, den Umstand zu verschweigen, daß er die Schwester seiner verschiedenen Frau geheiratet hatte. Das erweckte in ihr nicht nur den perversen Wunsch – den sie unterdrückte –, sein Geheimnis zu enthüllen, sondern darüber hinaus lebhafte Erinnerungen an Seminare über viktorianische Geschichte. Plötzlich kam ihr das Leben bei der Zeitung ephemer und armselig vor (es stimmt, daß in Griechenland Zeitungen, so wie bestimmte Insekten, »Ephemeriden« genannt werden), und sie änderte ihr Leben, um für sich selbst einen Platz in dem am wenigsten parasitären aller narrativ-historischen Berufe zu finden.

Sie ging nach oben, um zu arbeiten. Es dauerte eine Weile, bis der Bär ihr folgte. Sie saß an ihrem Schreibtisch und beachtete ihn nicht, als er hoch aufgerichtet am Ende der Treppe stand. Sie hatte eine handsignierte Erstausgabe von Major Richardson entdeckt, John Cary im Jahre 1832 hochachtungsvoll zugeeignet. Sie hätte gerne Auktionskataloge zur Hand gehabt, um den Wert des Buches zu ermitteln. Es blieb ihr gar nichts anderes übrig, als es vorläufig zu katalogisieren, und lange hielt sie es in den Händen. Es war ein höchst seltener Fang, für den allein es sich gelohnt hatte, hierher zu kommen.

Es gab andere wertvolle Bücher, Bostoner Ausgaben, die in Wirklichkeit kanadische Raubdrucke waren, für die keine Tantiemen an die englischen und französischen Autoren gezahlt wurden, aber mit *Wacousta* war bislang nichts zu vergleichen. Komisch, daß ich es nie gelesen habe, dachte sie, aber dieses Exemplar werde ich nicht lesen. Ich besorge mir aus Toronto ein Leseexemplar und vergleiche die Texte. Du warst also doch nicht ganz ohne, Cary, wenn du Richardson kanntest.

»Leg dich hin, Platz, mein Schatz«, sagte sie, denn der Fund hatte sie in gute Stimmung versetzt. Dann griff sie zum nächsten Buch, schüttelte es, damit eventuelle Notizen herausfielen, und schlug es auf. Trelawnys Erinnerungen an Byron und Shelley.

Sie blätterte weiter und begann zu lesen (denn es war kein heiliges Exemplar, keine Rarität, sondern 1932 in London erschienen). Trelawny? Der Mann, der Shelleys Körper verbrannt und das Herz aufbewahrt hatte. Ja, jener Trelawny. Der Pirat. Riese von einem Mann. Fuhr mit Byron nach Griechenland, als Shelley gestorben war.

Gebannt fing sie an zu lesen. Sie hatte das Buch nie zuvor in der Hand gehabt, obwohl das Thema sie interessierte. Warum? Irgend jemand, irgendein Philologe hatte ihr erzählt, es sei ziemlicher Mist. Fast alles Autobiographische ist Mist, dachte sie. Die Leute erinnern alles verkehrt. Doch das hier ist unterhaltsamer Mist! Was für ein Mann! Groß. Beleidigend. Eine Riese. Ein echter Abkömmling des echten Trelawny, des Herrn über zwanzigtausend Männer aus Cornwall. Oh, ich bin sicher, daß er ein Lügner ist.

Schau dir den Bären an, wie er da vor sich hindöst und schläft und seine eigenen Gedanken denkt. Wie ein Hund, wie ein Riesenmurmeltier, wie ein Mann: groß.

Trelawny ist in Ordnung. Er spricht mit seiner eigenen Stimme. Er ist unverschämt, aber ER SPRICHT MIT SEINER EIGENEN STIMME.

Sie setzte sich auf und sprach es laut aus. Der Bär brummte. Sie ließ sich auf den Knien neben ihm nieder. Colonel Cary hatte ihr winzige, peinlich genaue, schaudervoll papiergeizende Notizen hinterlassen. Noch suchte sie im ganzen Haus nach seiner Stimme. Sie hatte das beängstigende Gefühl, daß Trelawny und der Bär mit Carys Stimme sprachen. Trelawny wollte einen Dichter finden, einen Dichter kennen, weil er selbst keiner sein konnte, und er hatte romantische Vorstellungen von Dichtern. Er wurde alt, er kannte Swinburne und die Präraffaeliten. Da mußte es irgendwelche Verbindungen geben.

Cary wollte eine Insel.

Sie war erregt. Sie wollte wissen, wie und wer dieser Cary war. Trelawny. Colonel Cary. Der Bär. Da gab es irgendeine Verbindung, irgendeine nicht faßbare Intimität zwischen ihnen, irgendein Bindeglied zwischen Sehnsucht und Begehren und dem Erfüllbaren.

Sie lag neben dem Bären und las weiter Trelawny. Ein entsetzlicher Prahlhans, unausstehlich. Sowohl zu Byron als auch zu Mary Shelley. Byron war zu seßhaft. Shelley konnte nicht schwimmen. Er kaufte das Boot für Shelley. Kein gutes Boot.

Sie las über den Unfall, über das Ertrinken. Dann sprang sie zum Ende des Buches. Herr im Himmel, er schlug das Leichentuch zurück, um einen Blick auf Byrons lahmen Fuß zu werfen. Ein ekelhafter Mann.

Die Menschen des viktorianischen Zeitalters, sowohl des frühen wie des späten, waren alle morbide Genies, dachte sie. Cary war einer von ihnen und kaufte sich hier eine Insel. Er hatte weder Ackermans »Ansichten« noch Bartletts Drucke, um sich zu orientieren. Er spürte, was er wollte, und er kam und fand es.

Wie hatte es angefangen, daß er so etwas wollte? Hatte er zunächst voller Verzückung die Romane der Mrs. Aphra Behn gelesen, um sich dann *Atala* und der Vorstellung vom Edlen Wilden zuzuwenden und schließlich bei James Fenimore Cooper zu landen?

Er kam, um einen großen Traum zu leben. Er wußte, es würde hart werden. Es gab keine Dienstboten, die ihn auf die abgelegeneren Inseln begleiten würden. Bücher konnte man sich nur unter äußersten Schwierigkeiten beschaffen, und vermutlich hatte die Legende vom mühsamen Erwerb der Bücher den Ausschlag dafür gegeben, daß diese Bibliothek dem Institut vermacht worden war. Aber was gewann Cary mit der Opferung der Zivilisation, die ihm vertraut war? Ein Inselkönigreich, schützend umgeben von Büchern? Daß sich der Lärm aller Ausschweifungen für immer verflüchtigte? Daß er von weißen Halskrausen verschont blieb? Oder war es einfach Hoffnung und Veränderung?

Er kam, um sich seinen Traum zu erfüllen, dachte sie, und ließ seine praktisch denkende Frau in York zurück. Er war abenteuerlustig, romantisch, ein Freigeist. In den Wäldern gab es Raum für ihn.

»Bär«, sagte sie, rieb ihren Fuß in seinem Pelz und fühlte sich plötzlich einsam. Das Feuer war zu heiß, und der Pelzteppich hatte sich an sie herangedrängt. Ja, sie war einsam, untröstlich einsam; es war Jahre her, seit sie zuletzt Kontakt zu einem Menschen gehabt hatte. Das war ihr schon immer schwer gefallen. Die Männer schienen zu wissen, daß ihre Seele brandig war. Vorstellungen waren gut und schön, und in ihrer Arbeit konnte sie sich verstecken und eine Weile die wahre Bedeutung des Instituts vergessen, wo der Direktor sie einmal pro Woche auf ihrem Schreibtisch vögelte und sie beide so taten, als würden sie damit die Regierung schocken, aber in ihrem Herzen wußte sie, daß er nicht ihr welkes Fleisch wollte, sondern die eleganten Schlüssellöcher des achtzehnten Jahrhunderts, an denen in Ontario Mangel herrscht.

Sie hatte die Prozedur immer wieder zugelassen, weil sie ihr einziger menschlicher Kontakt war, aber sie fand es entsetzlich, jetzt daran zu denken. Keine liebevolle Anteilnahme lag in dem Akt, nur Gewohnheit und Bequemlichkeit. Es war etwas daraus geworden, was sie sich selbst antat.

»Oh Bär«, sagte sie und rieb seinen Nacken. Sie stand auf und zog die Kleider aus, weil ihr heiß war. Sie legte sich neben den Bären, auf die dem Feuer abgewandte Seite und ein Stück weit weg von ihm, und begann in ihrer Einsamkeit, sich selbst zu lieben.

Der Bär raffte sich auf aus seiner Schläfrigkeit, veränderte seine Lage und drehte sich um. Er streckte seine Maulwurfszunge heraus. Sie war fleischig, dick und – wie sie in der Notiz aus der *Cyclopaedia* gelesen hatte – längs gefurcht. Er begann, sie zu belecken.

Eine fette, gesprenkelte, rosa und schwarze

Zunge. Sie leckte. In gewisser Weise kratzte sie. Sie forschte. Sie fühlte sich sehr warm und gut und fremd an. Was zum Teufel hatte Byron mit seinem Bären getrieben? fragte sie sich.

Er leckte. Er forschte. Als wäre sie ein Floh in seinem Pelz. Er leckte ihre Brustwarzen steif und stöberte in ihrem Nabel. Mit kleinen Glucksern dirigierte sie ihn südwärts.

Sie schwang die Hüften und machte es leicht für ihn.

»Bär, Bär«, flüsterte sie und spielte mit seinen Ohren. Die muskulöse Zunge, die sich aber auch wie ein Aal längen konnte, fand alle ihre geheimsten Stellen. Und fesselte sie in ihrem Genuß, wie es nie zuvor ein Mensch vermocht hatte. Als sie kam, wimmerte sie, und der Bär leckte ihre Tränen fort.

16

Sie erwachte am Morgen. Das Wetter war wie Seide auf ihrer Haut. Wie Spinnenweben flatterten Schuldgefühle an den Rändern ihres Bewußtseins. Sie fühlte sich, als hätte sie irgend etwas versäumt. Was nur habe ich nicht getan?

Du meine Güte, was habe ich getan?

Ich habe Trelawny gelesen, mich an Trelawny berauscht, gespürt, daß ich Cary erkannt hatte, gespürt, daß ich seine Denkweise verstanden hatte, dann habe ich ... der Bär.

Liebster Herr Jesus, was für ein seltsames Tun. Es getan zu haben. Es mit sich getan zu haben.

Sie prüfte sich selbst, zwickte sich hier und da ins Gewissen, um herauszufinden, ob sie sich schlecht fühlte. Sie fühlte sich geliebt.

Es war ein schöner Tag. Behutsam ging sie im Nachthemd hinaus. Sie war ein wenig wund. Sie gab dem Bären Wasser und kraulte seine Ohren und fütterte ihn. Dann ging sie um ihrer Sünden willen in den Garten und arbeitete dort eine Stunde, jätete selbstquälerisch Unkraut. Die Kaninchen ruinierten alles, und der Salat machte einen jämmerlichen Eindruck. Sie bräuchte einen Zaun oder eine Zweiundzwanziger, oder sie ließ einfach alles, wie es war.

Ich brauche Fleisch, dachte sie.

Sie zog sich an, und ohne gefrühstückt zu haben, machte sie das Motorboot los und glitt über den glänzenden morgendlichen Fluß zu Homers Marina. Die Welt war gehüllt in eine Art Frühsommerseligkeit. Eisvögel spritzten, Fische sprangen, und von den Ufern her reckten sich Seerosenblätter hinaus in den Fluß. Keats, dachte sie. Aber waren denn die romantischen Dichter die einzigen Leute, die sehen konnten?

An einem solchen Morgen schon. Das Wetter verlangte geradezu nach Lyrik. Die Rufe der Wasservögel wetteiferten mit den scheußlichen gutturalen Lauten des Motors. Sie fühlte sich sonderbar friedlich.

Bei Homer lag ein Brief des Direktors, der wissen wollte, wann sie zurückkommen würde.

Sie kaufte einen Schreibblock und einen Umschlag und ging nach draußen; setzte sich an einen von Homers Picknicktischen am Fluß und schrieb, »Lieber Herr Direktor«. Lutschte an ihrem Stift, begann eine neue Seite. »Lieber David«. Nein, »Lieber Dr. Dickson« würde reichen. »Die Cary'sche Sammlung hat mich sehr stark in Anspruch genommen. Sie ist, insgesamt gesehen, ergiebiger als wir hoffen durften, allerdings auch eine für das 19. Jahrhundert recht typische Sammlung und insofern eher konventionell. Ich habe zwischen allen möglichen ziemlich durchschnittlichen Büchern eine frühe Ausgabe von *Wacousta* gefunden und hoffe, noch weitere Entdeckungen zu machen. Es besteht außerdem die Hoffnung, daß einige Zeitschriften zum Vorschein kommen werden – keine allzu große Hoffnung jedoch, wie ich gestehen muß.

Ich habe langsamer gearbeitet als sonst, da ich mich, um keinen Skorbut zu bekommen, genötigt sah, einen Garten anzulegen. Auch wäre es nicht schlecht, wenn ich angeln ginge, aber um mit den Booten herumzuhantieren, fehlt mir die Geduld.

Es ist eine Molesworth-Landkarte in gutem Zustand aufgetaucht.

Wenn Sie wünschen, daß ich diese Arbeit gründlich und sorgfältig mache, müssen Sie mir gestatten, den Rest des Sommers hierzubleiben. Ich bin sicher, Sie haben nichts dagegen, daß ich meinen Jahresurlaub hier in Pennarth verbringe.« Sie kritzelte ihren Namen auf das Blatt, faltete es schief zusammen, leckte am Briefumschlag, erwischte dabei eine kleine Mücke, und versiegelte das Ganze mit einem Faustschlag. Der Kerl vermißt mich.

Der zweite Brief kam von einer feministischen Freundin, die sich erkundigte, warum sie anläßlich des Internationalen Jahres der Frau ihre Forschungen nicht über einen weiblichen Siedler der ersten Stunde anstellte. Auf einer Postkarte mit einem Bärenjungen, das in halber Höhe in einem Baum hockte, antwortete sie, daß es ihr hervorragend ging.

»Da«, sagte sie und gab Homer ihre Post. »Gibt's heute Fleisch?«

»Nichts Frisches. Gehen Sie manchmal angeln?«

»Nein, davon verstehe ich nichts.«

»Es muß ein paar gute Ruten im Haus geben. Colonel Jocelyn hat viel geangelt. Graben Sie einfach drüben in Ihrem Garten ein paar Würmer aus und fahren Sie in der Dämmerung mit dem Boot raus. Dann ist es schön ruhig, und die kleine Bucht bei Ihnen auf der anderen Seite des Flusses, hinter der östlichen Untiefe, ist gut für Hechte. Hechte sind was Feines.«

Sie schüttelte sich, kaufte ein Dutzend Eier und ging. Sie war nun einmal eine Landratte.

Doch in der Abenddämmerung sah der Fluß einladend aus, und es gab Gedanken, denen sie entkommen wollte. Sie holte sich Würmer, fand eine alte Angelrute mit Korkgriff in der Eingangshalle und fuhr hinaus auf den Fluß.

Die Moskitos machten einen verrückt. Nachdem sie die Angel ausgeworfen hatte, konnte sie kaum stillsitzen. Fische waren da; sie konnte ihr Platschen hören, aber sie war sich nicht sicher, ob sie tatsächlich welche fangen wollte. Hechte. Waren Hechte wirklich was Feines? Was heißt Hecht auf Französisch? *Brochet, Quenelles de Brochet.* Gallertartig und mächtig, wie Gefilte Fisch. Nein danke.

Sie wollte ihre Schnur einholen und zurückfahren,

und entdeckte zu ihrer Überraschung, daß sie einen Fisch am Haken hatte. So leicht ging das, kaum zu glauben. Sie versuchte, die Schnur aufzuwickeln, aber die Spule klemmte und wollte sich immer bloß in die verkehrte Richtung drehen. Da es sich um eine alte Baumwollschnur handelte, dick wie ein Bindfaden, begann sie unvorsichtigerweise, sie Zug um Zug per Hand einzuholen. Der Fisch versuchte, sich loszuzappeln, und die Schnur schnitt in ihre Handflächen. Sie war jetzt wild entschlossen. Sie wollte den Fisch trotz ihrer anfänglichen Vorbehalte. Sie wollte ihn töten und essen. Sie lehnte sich hinaus, wäre beinahe gekentert, und zog und zog.

Es waren nicht unbedingt die Regeln der Kunst, nach denen sie ihn schließlich mit bloßen Händen an Bord zog. Er war riesig und von gelblicher Farbe. Er hatte eine lange, bösartig aussehende Schnauze. Er lag auf dem Boden des Bootes und glitt zappelnd über ihre Füße.

Sie benutzte die Angelschnur, die mittlerweile sicher nicht mehr zu gebrauchen war, um ihn an einer Dolle festzubinden.

Als sie wieder beim Haus war, mußte sie ein Messer holen, um ihn vom Schandeckel des Bootes loszuschneiden. Dann noch einmal hinaufrennen und ein Netz suchen, in dem sie ihn tragen konnte. Es gab kein Netz. Sie kam mit einer Plastiktüte zurück.

Sie schnitt die Schnur durch, steckte ihre Daumen hinter die Kiemen des Fisches und bugsierte ihn in die Tüte. Nicht, ohne sich zuvor an seinen stacheligen Flossen einen Finger zu zerstechen.

Jetzt muß ich ihn kochen und ausnehmen, dachte sie. Fisch. Freitag. In entsetzlicher weißer Soße mit hartgekochten Eiern und Spinat dazu. Nein. Der einzig gute Fisch ist der, den dein Vater beim Camping machte.

Hat er die Art Schuppen, die man von rückwärts her abschaben muß? fragte sie sich. Muß man ihn häuten und filettieren? Gibt es hier ein Messer, das scharf genug ist? Verdammter Mist.

Es war ein großer Fisch, einer, auf den richtige Angler stolz wären. Er widerte sie bereits an. Dauernd schlug er in seiner Einkaufstüte gegen ihre Beine. Dauernd hörte sie Homer »Was Feines« sagen.

Sie legte ihn auf den Küchentisch. Plumps. Er schlängelte sich aus der Tüte in das Ausgußbecken, lag da und japste nach Wasser. Sie spürte, daß sie etwas Schreckliches getan hatte, indem sie ihn aus seinem Reich entführte. Sein Maul war ganz zerfetzt durch den Haken. Woher wollte sie wissen, daß es sich nicht um einen seltenen Hornhecht aus dem Michigan-See handelte, der hundert Meilen durchs Wasser gestreunt war, um Louis Agassiz zu entzücken? Oder daß er voller Quecksilber war? Vielleicht würde sie die Minamata-Krankheit bekommen und als betrunkene Indianerin verhaftet werden. Er hatte ein düsteres, griesgrämiges Gesicht. Sie konnte ihn nicht lieben.

Sie grinste kläglich, als ihr einfiel, wer ihn lieben würde. Sie steckte ihn wieder in die Tüte und schleppte ihn hinaus zum Bären.

Während sie zum Abendbrot standesgemäß ein Wurstsandwich aß, dachte sie, morgen wird Homer mich fragen, ob ich etwas gefangen habe. Ich werde ihm erzählen, die Leine hätte sich am Grund verheddert.

Sie zündete die Lampe an und ging nach oben. In der vergangenen Nacht hatte sie das Arbeitszimmer in großer Unordnung hinterlassen. Sie räumte auf, vervollständigte die Karten zu den Büchern in jenem Bord, das sie sich gerade vorgenommen hatte, dann machte sie es sich bequem, um Trelawny gründlich zu lesen. Am vergangenen Abend, als seine Persönlichkeit sichtbar wurde und sie ihn mit Cary durcheinanderbrachte, war sie zu aufgeregt gewesen.

Er war trotzdem kein übler Kerl. Er nahm Dinge wahr. Schien weder Mary Shelley noch Frauen im allgemeinen besonders gemocht zu haben. Nützliche Gegenstände, die Frauen, konnte sie ihn denken hören, solange sie an ihrem Platz bleiben. Sie dachte an die Frauen, die von den Offizieren nach Kanada mitgebracht wurden: gestrandet, gebeugt, tüchtig, erduldend, verbannt. Und wenn es auch viele waren, die dem Universum gerne eine neue Welt abgetrotzt hatten, so waren es gewiß nicht weniger, die weinten und starben.

Ihr fischiger Freund kam die Treppe herauf. Er bog seine Zunge senkrecht nach oben und steckte sie in ihre Möse. Aus dem Buch fiel ein Zettel: *Die Frucht der Verbindung zwischen einer Frau und einem Bären ist ein Held mit der Kraft eines Bären und der Klugheit eines Menschen. – Alte finnische Legende.*

Sie schrie vor Freude.

17

Der Sommer kam rasch. Die Kaninchen plagten weiter den Garten. Der Direktor gab ihr gnädig die Erlaubnis, ihre Ferien auf Cary zu verbringen, drohte sogar, sie besuchen zu kommen. Sie wußte, daß er die Stadt nie verlassen würde.

Am ersten Juliwochenende kamen die Motorboote, die Touristen, die Wasserskiläufer und die Häuschenbewohner: bleiche, aber beherzte Sommerleute. Nachts ließ sie die Rolläden herunter, denn sie wußte, daß viele noch auf dem Fluß waren, und tagsüber fühlte sie sich vergewaltigt, weil die köstliche Stille dahin war. Eine Familie kam sogar zu ihr an die Tür und fragte, ob sie ihnen das Haus zeigen würde. Zuviel der Ehre, sie lehnte ab.

Liebespaare machten Freudenfeuer an ihren Stränden. Wasserskiläufer stürmten winkend an ihr vorbei. Sie war in keiner freundlichen Stimmung. Sie wollte mit dem Bären allein sein.

Die Lappländer verehren ihn und nennen ihn Götterhund. Die Norweger sagen, »Der Bär hat die Kraft von zehn Männern und den Verstand von zwölfen.« Sie nennen ihn niemals bei seinem richtigen Namen, damit er ihre Ernte nicht verwüstet und ihre Herden nicht überfällt. Lieber sprechen sie von ihm als vom »Moedda-aigja, senem cum mastruca«, vom alten Mann mit dem Pelzumhang.

Ihre Arbeit vernachlässigte sie nicht. Sie arbeitete. Man hatte immer von ihr gesagt, wenn sie irgend etwas sei, dann gewissenhaft. Sie mußte einfach arbeiten. Und es gab noch genug zu tun. Abgesehen von der Katalogisierung der Bücher sollte eine Inventarliste vom Haus erstellt werden. (Und in jedem seiner verwinkelten Zimmer schienen unzählige jener kleinen viktorianischen Tische zu stehen, die sie so schrecklich fand: vierbeinig, kleine Platte, in Größe und Höhe bestensfalls geeignet für eine Bibel oder einen Farn oder eine jener Glasglocken, unter denen vertrocknete Vögel oder Totenkränze verwahrt werden. Wie die Tischbeine gespreizt waren ekelte sie.) Es gab viel zu zählen, und wenn sie Glück hatte, mußte auch einiges zur Veröffentlichung vorbereitet werden. Es existierte zwar die Inventarliste der Anwälte, doch sie war nicht im mindesten vollständig.

Eines strahlenden Morgens wachte sie in bester Stimmung auf und führte sich die Tatsache vor Augen, daß sie noch nicht einmal den Versuch unternommen hatte, die Tür zum Keller zu öffnen. Sie fürchtete sich vor feuchten Plätzen voller Spinnen. Sie frühstückte, schaute kurz nach dem Bären (sie konnten nicht schwimmen gehen, weil auf dem Flußarm von vier Motorbooten aus in aller Beschaulichkeit geangelt wurde) und ging, mit zwei Taschenlampen und einem Öllicht bewaffnet, durch die Tür nach unten.

Die niederen Regionen waren tatsächlich dunkel und voller Spinnen. Zu ihrer Erleichterung fand sie jedoch vier gefüllte Öllampen, die in Halterungen von den Deckenbalken hingen. Sie zündete eine nach der anderen an, und im Schein des Lichtes weitete sich der Keller zu beängstigenden Dimensionen.

Mit Hilfe einer der Taschenlampen begann sie ihre Erkundungen. Interessant fand sie die Entdeckung, daß sich die Fundamente des Oktagons an zwei Stellen über den Grundriß hinaus erstreckten, vermutlich, um Kühlräume zu bilden, denn in der einen Ausbuchtung befanden sich Holzregale und Eingemachtes in Gläsern mit grünen Deckeln, sowie drei völlig verschrumpelte Äpfel. Die andere Ausbuchtung war leer bis auf den längst verwesten Körper eines Höhlentieres.

Ordentliche Leute, diese Carys. Es gab Stapel säuberlich aufgerollten Ofendrahts, Röhren in Reihen nach Größen geordnet. In einer anderen Ecke war ein Depot für geflochtene Gartenstühle. Weitere ausrangierte Farntischchen. Bilder (»Der Seele Erweckung«, »Wolfe in Quebec«, aber leider nicht »Die Belagerung von Derry«, die sie schon immer haben wollte) mit verblaßter Goldauflage und Stuckrahmen. So distinguiert sind sie also nicht gewesen, daß sie die Ölschinkenära ausgelassen hätten.

Alte Schneeschuhe mit Quasten und umklappbaren Schutzkappen. Ein kaputtes Banjo. (Hatten sie nachts auf den Stufen zur Veranda »Old Black Joe« gesungen?)

An einer anderen Wand schließlich Truhen; eigentlich ein ganzes Truhenmuseum: solche mit von Faßreifen zusammengehaltenen Deckeln und gestanzten Blechbeschlägen, deren Ränder zweifellos von gravierten Vögeln gesäumt waren; riesige pompöse Weidenkörbe; verwitterte Feldkisten aus dem Ersten Weltkrieg; Schrankkoffer aus der Jahrhundertwende, in denen die Aussteuer von hundert Bräuten gleichzeitig Platz gefunden hätte. Truhen über Truhen. Arbeit. Schatz.

Sie grinste und fuhr mit dem Boot hinüber zu Homer und fragte, ob er und Sim ihr ein wenig helfen könnten.

»Will ein paar Sachen aus dem Keller nach oben schaffen«, sagte sie unbestimmt. Homers Augen funkelten hinter seinen Brillengläsern. Er ging in die Wohnung, die an den Laden grenzte, und sprach mit seiner Frau. Hinter den Stapeln von Konservenbüchsen erhob sich schrill und keifend ihre Stimme.

»Ich weiß Bescheid über diese verdammten Carys«, hörte Lou. »Wir haben sowieso schon jeden Abend bis neun offen, und jetzt sollst du auch noch nachts Truhen schleppen. Ich wette, da ist was faul.«

Lou wurde rot, sie wäre am liebsten davongelaufen. Sie glaubt, daß ich hinter ihm her bin, dachte sie.

»Ihre Frau kann auch mitkommen«, sagte sie zu Homer.

»Wenn sie so weitermacht, könnte es sein, daß sie eins in die Fresse kriegt«, sagte Homer, ohne daß das fröhliche Grinsen von seinem Gesicht wich. »Sie will nicht, daß ich zur Insel rüberfahre. Wollte sie noch nie. Denkt, da wär was verhext oder so, böse Geister. Schauen Sie, ich kann allein rüberkommen, wenn Sie wollen, falls Sie meinen, daß wir es zu zweit schaffen. Muß Sim hier lassen, um die Benzinpumpen zu bedienen. Babs ist ein braves Mädchen, aber aus irgendeinem Grund faßt sie die Benzinpumpen nicht an.«

»Wie viele Kinder haben Sie, Homer?« fragte sie.

»Neun, mit den beiden, die sie adoptiert hat.«

»Meine Güte, das sind eine Menge.«

»Sie würden ein Kind doch auch nicht auf die Straße setzen, bloß weil sie sich vor ein bißchen Arbeit fürchten.«

»Ich schon. Sie nicht. Hören Sie, wir können es irgendwann machen, wenn Sie weniger zu tun haben.«

»Montag abend wäre nicht schlecht. Am Wochenende kann ich Ihnen nicht helfen. Die Hauptsaison ist in vollem Gang und jetzt, mit unserem Zeltplatz – die haben nämlich alle keine Ahnung. Wissen meistens nicht mal, wie sie ihre Coleman-Kocher anzünden sollen. Man muß aufpassen, daß sie keinen Brennspiritus in den Tank füllen. Und dann all die Probleme mit dem Zeug, das in den Abwassertanks landet. Abwassertanks sind Vorschrift. Wieso fahren die Leute zum Camping, wenn sie ihre Kinder nicht mitnehmen können? Es sind Frauen dabei, die verbringen die ganze Zeit im Waschsalon – und dann noch all die Außenborder im Hafen, die repariert werden müssen. Gott, einige von denen kommen und hocken dann den ganzen Tag in ihrem Wohnwagen und trinken Bier. Angeln sich Witwen. Vor allem kann man es nicht mehr für zweieinhalb Dollar am Tag machen, nicht bei den ganzen neuen Vorschriften. Jedenfalls bin ich froh, mal ein bißchen wegzukommen. Sie regt sich schon wieder ab.«

Mit widerstreitenden Gedanken fuhr sie zurück. Sie hatte das Gefühl, einer Frau den Mann wegzunehmen. Sie hatte das Gefühl, ihm eine Art Feiertag zu ermöglichen. Sie war froh, daß seine Frau Kinder adoptierte und sich weigerte, Benzinpumpen zu bedienen, aber sie ärgerte sich über ihre laute, quengelige Stimme. Keifende Fischweiber bringen uns alle in Verruf, dachte sie.

Fischweiber. Angelwitwen. Und ursprünglich sind wir alle einmal angetreten, um Meerjungfrauen zu werden.

Früher waren Bären auf den Britischen Inseln verbreitet. Die Römer importierten kaledonische Bären und benutzten sie zu Folterzwecken. In Wales wurden sie als Jagdtiere gehalten.

Homer brachte eine Flasche Roggenwhisky mit. Sie tranken einen Schluck, dann gingen sie hinunter und zündeten die Lampen an. Er war nie zuvor »unter Deck« gewesen, wie er sagte, bis auf einmal, als er ein paar Gartenstühle heraufholen sollte, wobei die alte Dame ihm mit einer schwachen Taschenlampe geleuchtet hatte. Fasziniert spähte er umher. Er entdeckte einen Haufen alter Lampen, die sie nicht bemerkt hatte, Petroleumlampen, ausgefallene Laternen, sogar eine Leselampe aus Messing, die er begehrlich betrachtete. Obwohl sie streng rechtlich gesehen Eigentum des Instituts war, gab Lou sie ihm. Warum nicht, verdammt? dachte sie. Er ist so nett zu mir gewesen.

Eine nach der anderen schleppten sie die Truhen die Treppe hinauf. Einige stellten sie in die Küche, einige ins Schlafzimmer und ins Eßzimmer. Setzten sich erschöpft an den Tisch.

»Nun«, fragte er, »wollen Sie sie nicht aufmachen?«

»Tja, sollte ich wohl.« Es kam ihr seltsam vor, daß sie jetzt, wo der Schatz vollständig gehoben war und um sie herumstand, nicht vor Aufregung zitterte.

»Sie sollten sie vorher abstauben«, sagte er.

»Tja, sollte ich wohl.«

»Sie gehören nicht zu der Sorte Frau, stimmt's?«

»Zu welcher Sorte Frau?«

»Zuerst der Haushalt.«

»Um Himmels willen nein, Homer.«

»Sie sollten die Dinger putzen, bevor Sie sie aufmachen. Wo's kein fließendes Wasser gibt, muß man den Dreck immer sofort angehen. Sie können hier ja schließlich nicht ausspritzen, oder?«

»Welche zuerst?«

»Wollen Sie mich dabei haben?«

»Wenn ich Sie auffordern würde zu gehen, Homer, würden Sie es tun?«

»Nee.«

»Die älteste oder die neueste?«

»Die Feldkiste da aus dem ersten Krieg. Ich habe mich schon immer für Uniformen interessiert.«

Sie suchte einen Lappen und wischte die Kiste ab. Nicht allzu gründlich, denn sie wollte nicht den Anschein erwecken, sie würde seinen Anweisungen folgen. Sie öffnete die Kiste. Darin lagen zwei rauhe, grünbraune Armeedecken.

»Man kann eben nicht alles haben«, sagte Homer. »Genehmigen Sie sich noch ein Schlückchen von den wirklich guten Dingen des Lebens.«

Einige Truhen waren leer, andere voll. In einer waren leere Weckgläser, in einer anderen wunderschöne Kleider aus den zwanziger und dreißiger Jahren: mit Perlen bestickte Chintzkleider, schwere dunkle Samtkleider und ein seltsames pfirsichfarbenes Abendkleid aus Rippensamt, auf den kleine silberne Zicklein appliziert waren. Sie brachte die Kleider ins Schlafzimmer und probierte sie vor dem großen schwenkbaren Pfeilerspiegel an. Homer tauchte in der Tür auf.

»Die passen nicht zu Ihrer Bräune«, sagte er.

»Ich weiß nicht, wo ich mit all meinen Trägern bleiben soll.«

»Früher hat sich der Busen bei den Leuten ganz von selbst oben gehalten, hat meine Mutter immer gesagt.«

»Unsinn, sie haben ihn flachgebunden, damit sie so tun konnten, als hätten sie keinen. Bei den Mädchen vom Land funktionierte das allerdings nicht.«

Brüste waren nicht das richtige Thema für Homer. Er fing an, vom Bootsgeschäft zu reden. Er erzählte ihr mehr über das Bootsgeschäft, als sie je würde wissen müssen.

»Wem haben die alten Kleider gehört, was meinen Sie?«

»Colonel Jocelyn, glaube ich. Sie ging irgendwo anders zur Schule, England, schätze ich, oder Montreal, und sie war lange Zeit fort. Ich hab mal sagen hören – ich bin mir bloß nicht sicher, ob ich mich richtig erinnere –, daß sie in den guten alten Zeiten vor der Wirtschaftskrise eine Millionärstochter in Europa auf lauter Bälle begleitet hat. Damals ließ man die Mädels nicht frei rumlaufen. Ich schätze, Colonel Jocelyn hatte gute Beziehungen, und so nahm sie das Mädchen halt überall mit hin und hatte ein Auge auf die Kleine. Sie erzählte mir manchmal was davon, wie die da drüben gelebt haben. Um von Paris zu irgendeinem Fest in London oder Oxford zu kommen, mieteten sie ein Flugzeug, so einen kleinen offenen Viersitzer. Sie ließen sich extra eigene Schaffelljacken und Lederhelme anfertigen, hat sie gesagt.«

»Toll.«

»Ach wo, was sollten wir zwei schon mit einem Butler anfangen, hä? Ihm Trinkgeld geben und ›mein Freund‹ zu ihm sagen? Als ich noch als Führer arbeitete, war da mal ein Ami, ein alter Herr, den mochte ich, er war wirklich großzügig, und der nannte mich manchmal ›mein Junge‹. Ich hab ihm gesagt, ich würde auf der Stelle abhauen, wenn er mich nicht Homer nennen würde. Oder Campie, damals hat man mich manchmal Campie genannt. Er verstand das.«

»Kommen Sie mit in das andere Zimmer, wir machen uns an die restlichen Truhen.«

»Wissen Sie, Sie müssen mit den Lampen aufpassen, wenn Sie was getrunken haben.«

»Ich nehme die Taschenlampe, und Sie zünden mir die Wandleuchten an.«

»Braves Mädchen.«

Sie mochte den Salon nicht. Er hatte lauter unglücklich gewinkelte, unwohnliche Ecken, die Schwachstelle des Oktagons. Die Möbel waren spießig und außerdem ungeschickt und unsymmetrisch arrangiert. Jedesmal, wenn sie den Raum betrat, haderte sie, denn sie hatte sofort das traditionelle Viereck vor Augen. Doch jetzt öffnete sie, über das Roßhaarsofa gebeugt, im flackernden Licht eine der Truhen.

Als sie in das neue Geheimnis hinabtauchte, zwickte Homer sie in den Hintern.

»Nicht«, sagte sie.

»Anderweitig gebunden?«

Ihr Herz tat einen Sprung. »Aber Sie doch«, sagte sie.

»Verflucht, Babs und ich ... vierundzwanzig Jahre. Darf ein Kerl nicht einmal ...«

»Was ein Kerl darf, darf sie auch.«

»Ich würde sie umbringen.«

»Dann nehmen Sie die Hände weg.«

Er stand beleidigt vor ihr und blickte sie finster an. »Sie haben mich hergebeten.«

»Um mir bei den Truhen zu helfen. Und Sie haben mir bei den Truhen geholfen. Ich hab Sie nicht gebeten, den Schnaps mitzubringen, obwohl ich mich darüber gefreut habe. Wollen wir mal sehen, was in dieser Truhe ist.«

Er faßte sie am Arm. »Schau ...«

»Halten Sie den Mund, Homer.« Sie stand da und sah ihm ins Gesicht. Sie waren gleich groß. Sie war jünger, er war stärker. Sie mochte ihn, aber sie mochte nicht, was er gerade tat. Er nutzte die Situation aus, fand sie. Plötzlich hatte sie das Bedürfnis, auf ihren Rang zu pochen, auf ihre gesellschaftliche Stellung, wollte ihn auf seinen Platz verweisen. Sie wußte, daß sie gleich waren, aber sie hatte nicht das Gefühl, daß sie gleich waren, in ihrer Vorstellung war sie eine große Dame, die auf Bälle ging, und er war ein Diener, der ihre Geheimnisse kannte.

Sie trug tatsächlich immer noch ein Ballkleid. Sie sah an sich herunter. Da ist ein Spalt, da sind Brüste, die halb heraushängen.

»Mein Gott, es tut mir leid«, sagte sie.

Homer schüttelte den Kopf. »Das war's nicht. Ich mag Sie nämlich. Ich mag Sie. Wenn ich 'ne Frau mag, mag ich sie, egal was sie anhat. Mir ist's egal, wenn Sie Jeans und ein kariertes Hemd tragen. Klar, ich hab jetzt ein'n in der Birne. Ein Mann hat ab und zu mal 'ne Nacht frei. Da ist doch nichts Schlimmes bei. Sie mögen's doch auch, oder? Haben wahrhaftig nie 'nen Schluck abgelehnt und dafür auch nie einen angeboten. Sie sind ein Snob. Ich hatte keine Ahnung, daß Sie so eine sind. Ich hätte es wissen müssen.«

Sie versuchte, ihn aufzuhalten. »Homer...«

Er knallte sich die Mütze auf den Schädel. »Wenn Sie nochmal Hilfe bei der Arbeit brauchen, regeln Sie das durch Ihr Institut, Ihr Scheißinstitut.«

Unsicher stand sie da, dann berührte sie ihn. »Setzen Sie sich.«

»Nein, ich gehe.«

»Kommen Sie mit in die Küche, da ist es gemütlich, und ich ziehe eine Trainingsjacke an, damit ich keine große Dame mehr bin. Wir haben die Flasche noch nicht leer gemacht.«

»Ich muß nach Hause. Babs tobt bestimmt schon.«

»Kommen Sie, setzen Sie sich hin ... mein Freund.« In ihrem Kopf drehten sich Räder, Glocken läuteten, sie begann, die Dinge zu begreifen.

»Ich mag Sie«, sagte sie in der Küche. »Aber da ist Babs. Und wenn ich Sie mit Sex bezahle, wo bleibe ich dabei?«

»Sie haben Köpfchen«, sagte er. »Daran hatte ich nicht gedacht. Aber die Sache mit Babs, die überlassen Sie mir. Das ist unsere Privatangelegenheit, stimmt's? Jeder Mann hat mit seiner Frau eine Abmachung, da können Sie sich nicht einmischen. Und auch wenn Sie mich abblitzen lassen, tun Sie Babs damit keinen Gefallen, absolut nicht. Sie wüßte es nicht zu schätzen. Ihr ist es egal, ob ich Truhen die Treppe hoch schleife oder ob ich mit Ihnen vögel, für sie ist das alles eins. Es genügt, daß ich nicht bei ihr bin. Sie ist eine Frau, sie will, daß ich bei ihr bin, unter ihrem Pantoffel. Aber ein Mann muß von Zeit zu Zeit weg sein dürfen, und sie geht nicht an die Benzinpumpen, egal was passiert.«

Ich werde mich nie wieder auf einem Schreibtisch hinlegen, dachte sie, nie, nie...

»Aber«, sagte er, »ich mag Sie. Und Sie leben hier ganz allein. Sie trinken gerne einen, und da dachte ich, alles klar, wahrscheinlich vögelt sie auch gerne, und was ist denn Schlimmes dabei? Schließlich sind Sie eine moderne Frau.«

Ich könnte ihn mit in mein Bett nehmen, dachte sie, und ihn im Morgengrauen durchs Schilf und die Eisvögel fortschicken. Ich mag ihn. Er ist stark, er ist hart, er ist bestimmt gut im Bett. Ich könnte ihn festhalten. Vielleicht würde er sogar mich festhalten. Es wäre menschlich. Wer weiß, möglicherweise kennen die Jungs vom Lande Tricks, von denen ich keine Ahnung habe. Aber irgend etwas in ihr sträubte sich.

»Hören Sie«, sagte sie. »Helfen Sie mir nur noch

eben, die Truhen beiseite zu rücken, damit der Durchgang in der Küche frei wird. Ich hab sowieso meine Tage. Und einmal habe ich Ihnen Scotch angeboten, Homer.«

Danach hatte sie Angst, er würde etwas Unverzeihliches über zickige Weiber sagen, aber er tat es nicht. Er half ihr.

»Sind wir noch Freunde?« fragte sie.

»Wohl so 'ne Art von«, antwortete er unbeholfen.

Sie wußten beide, daß keiner von ihnen jemanden hatte, mit dem er darüber sprechen konnte, und das machte die Sache leichter für sie.

18

»Bär«, rief sie. »Ich liebe dich. Reiß mir den Kopf ab.« Das tat der Bär nicht, aber durch ihre Menstruation war er noch eifriger geworden. Ein wenig fürchtete sie sich vor ihm, aber sie war betrunken und fand einen Reiz an der Gefahr. Sie griff in seinen dicken Pelz, der ihr durch die Hände glitt, und versuchte, sich an seinem losen Fell festzuhalten, aber je tiefer sie hineinfaßte, desto größere Tiefen taten sich auf, und ihre kurzen Nägel rutschten ab.

Sie wog seine unterschiedlich großen, haarigen Eier in den Händen, spielte mit ihnen und ließ sie in ihren Hautfalten sanft hin und her gleiten, während er sie beleckte. Seine Lanze kam nicht aus ihrem langen, knorpeligen Futteral hervor. Macht nichts, dachte sie, ich bitte um nichts. Ich bin niemandem verpflichtet. Es ist mir egal, wenn ich dich nicht anmachen kann, ich liebe dich einfach.

Das Wetter konnte strahlender nicht sein, alles war blühend und blau. Sie ging schwimmen, und wenn der Fluß leer war, schwamm sie in gewaltigen Stößen mit dem Bären um die Wette. Im Garten erntete sie bitteren Salat. Wenn sie in der Bibliothek arbeitete, ließ sie zum Schutz gegen das blendende Sonnenlicht, das durch die Laterne hereinfloß, die Segeltuchrolleaus herunter. Immer wieder ging sie den Inhalt der Truhen durch, schlitzte schließlich ein Futter aus blauem Kattun auf und fand Colonel Carys Ernennungsurkunde zum Offizier des 49. Infanterieregiments, seine militärischen Belobigungen aus Portugal, den Entwurf eines Petitionsschreibens, in dem er um das Eigentumsrecht an der Insel nachsuchte, sowie eine Rowlandson'sche Karikatur von einem Mann in schwarzen Stiefeln, der unter einem Weiberrock verschwindet. Letztere hängte sie mit Heftzwecken unter das Porträt des Colonels. Er wirkte menschlicher dadurch.

Denn was ihr an Männern mißfiel, war nicht deren Erotik, sondern ihre Unterstellung, Frauen hätten keine. Womit Frauen nichts als das Hausfrauendasein übrig blieb.

Sie faltete seine kostbaren Papiere auseinander und schrieb sie ab. Sie putzte das Haus, bis es glänzte. Nicht für den Direktor, sondern weil sie und ihr Geliebter Ruhe und eine Umgebung brauchten, die ihnen geziemte.

Bär, nimm mich mit dir auf den Grund des Meeres, Bär, schwimm mit mir, Bär, lege deine Arme um mich, schließ mich in dich ein, schwimm hinab mit mir, hinab, hinab.

Bär, mach mich endlich heimisch in der Welt. Gib mir deine Haut.

Bär, nichts anderes will ich von dir. Oh Bär, ich danke dir. Ich will dich auf ewig beschützen vor Fremden und vor neugierigen Blicken.

Bär, wirf deine Unterwürfigkeit ab. Du bist kein unterwürfiges Tier. Du denkst deine eigenen Gedanken. Erzähle sie mir.

Bär, ich kann dir nicht befehlen, mich zu lieben, aber ich glaube, du liebst mich. Ich will, daß du nicht aufhörst zu sein und für mich da zu sein. Nichts weiter. Bär.

Spätabends empfing sie auf ihrem Transistorradio manchmal ferne Rundfunkstationen. Verstümmelte Sprachen von jenseits des Pols, gedehnte Laute aus New Orleans. Als sie eines Nachts oben am Fenster im weichen, seifigen Sommerwind arbeitete, durchflutete auf einmal griechische Musik den Raum. Der Bär machte ein Nickerchen am erloschenen Kamin. Es war weit nach Mitternacht. Der Wind raschelte in ihren Papieren, während die Bouzoukis schluchzten.
»Bär«, sagte sie plötzlich, »komm, tanz mit mir.« Sie stand auf und begann, nach griechischer Art ihre

Füße zu setzen, die Arme hielt sie dabei in die Höhe gestreckt wie eine kretische Tonfigurine.

Langsam richtete der Bär sich auf. Sie hatte den Eindruck, daß es ihn schmerzte oder irritierte, lange Zeit auf seinen Hinterbeinen zu stehen, daß seine Muskeln ihm in dieser Position nicht selbstverständlich gehorchten, aber schwankend blieb er ihr gegenüber stehen und begann, während sie ihre Arme und Füße im Takt der pulsierenden Musik bewegte, langsam zu wippen und zu schlurfen.

Sie beobachtete ihn. Er war wunderbar. Ein sonderbarer, fetter, untersetzter kleiner Mann mit lächerlich plumpen Schultern und Waden, der zum ersten Mal versuchte, aufrecht zu tanzen. Ein Baby! Ein wunderbares, unsicher balancierendes, unsicher lächelndes, topplastiges...

Pling, machte die Musik. Zong. »Ephies...« Du gingst fort. Nein, ich gehe nicht fort, dachte sie zu ihm. Ich werde niemals fortgehen. Ich werde mir sonderbare Gewänder aus Pelz schneidern, damit ich im Winter bei dir bleiben kann. Ich werde dich nie, niemals verlassen.

Er tanzte ihr gegenüber. Er bewegte sich wenig, verlagerte sein Gewicht von einem Schenkel auf den anderen, schwenkte seine riesigen Füße behutsam hin und her, ließ bedächtig seine Arme in der Luft kreisen. Sie tanzte auf ihn zu. »Eph-ie-ess.« In den griechischen Kneipen in Toronto war das Stück so oft gespielt worden, bis sogar die Kanadier ein bißchen vom Text gelernt hatten. Das ganze war eine einzige

Wehklage des Verlustes, der Einsamkeit. Niemand konnte sich dem entziehen.

Der Sender war nicht zu identifizieren, aber er bewahrte sie vor Zerstreuung, indem er zu einer noch archaischeren Platte überwechselte. Die Musik war höher, dissonanter, ihr Rhythmus nicht eindeutig. Der Bär schwankte und forschte mit Blicken nach ihren Anweisungen. Sie bewegte sich auf ihn zu, nahm seine Pfoten in die Hände und begann, ihre Finger mit seinen Stricknadelfächern verflochten, sich zur Musik gegen ihn zu wiegen, vor und zurück.

Aufrecht hatte sie ihn noch nie umarmt. Es war heiß und fremd. Sie wiegte sich, schmiegte sich an ihn. Sie legte ihren Kopf auf seine Schulter. Er stand still, sehr still. Er wußte nicht, was er tun sollte. Sie dachte daran, wie sie als halbes Kind in einer Turnhalle zum ersten Mal an den Körper eines Mannes gepreßt worden war, errötend, verwirrt und schuldbewußt.

Er erwiderte ihre Umarmung nicht. Er blieb ganz still stehen, während sie ihren Körper so dicht wie möglich an den seinen drängte. Dann gähnte er. Sie spürte, wie sein großer Kiefer hinunter gegen ihr Gesicht drückte. Aus dem Augenwinkel sah sie seine Zähne blitzen, sah, daß zwei von ihnen fehlten. Sie löste sich von ihm. Die Musik war in ein eigenartiges, schabendes Pizzicato übergegangen, rhythmisch und pulsierend.

Der Bär ließ sich auf alle Viere fallen. Inzwischen stießen Männer über die Geigen hinweg merkwürdig grunzende Geräusche aus. Der Bär legte sich hin und spitzte die Ohren, um den halb tierischen Klängen zu lauschen. Sie ließ ihn einen Augenblick ausruhen, dann legte sie sich neben ihn. Er erregte sie. Sie zog ihre Kleider aus. Er begann sein unermüdliches Lekken. Er beleckte ihre Achselhöhlen und die Linie zwischen ihren Brüsten, die nach Schweiß roch.

»Byrons Bär tanzte«, wisperte sie, »aber er hat es nicht beachtet. Hätte der Beau seine letzten Tage unter Nonnen verbracht und mit seiner Kacke gespielt, wenn er dich gekannt hätte?« Manchmal riß ihr der Bär mit seiner gründlichen Zunge beinahe die Haut herunter, manchmal war er zerstreut. Sie mußte ihn umschmeicheln und überreden. Sie bestrich sich mit Honig und flüsterte ihm Koseworte zu, aber sobald der Honig verschwunden war, ging er fort, furzend und allzu rasch befriedigt.

»Friß mich, Bär«, flehte sie, aber er wandte ihr nur müde den Kopf zu und schlief ein. Sie mußte ein Hemd anziehen und wieder an die Arbeit gehen.

Sie griff zu einem reichverzierten Buch mit dem Titel *The Poetical Works of John Milton, Volume I*, 1856 in Hartford erschienen. Die Illustrationen und das Papier waren mittelmäßig, aber es war in großen Buchstaben gedruckt. Ihr kam der Gedanke, daß die Schullektüre von »Das verlorene Paradies« in solchen Lettern Spaß gemacht hätte. Sie wirkten irgendwie aufrichtig.

Aus dem Band fiel eine weitere Botschaft von Gott oder Colonel Cary:

Es wurde einst vor langer Zeit bei den Ainu in Japan ein Bärenjunges seiner Mutter weggenommen und von einer Frau gesäugt und aufgezogen. Es wurde ein Mitglied des Dorfes, und man bedachte es ehrerbietig mit Liebe und allen guten Dingen. Als es drei Jahre alt war, brachte man es zur Wintersonnenwende auf den Dorfplatz, band es an einen Pfahl und tötete es, nach vielen Zeremonien und Entschuldigungen, mit angespitzten Bambusstöcken. Weitere Zeremonien wurden abgehalten, während die Ziehmutter seinen Tod beklagte und man sein Fleisch aß.

»Niemals«, weinte sie.

Sie ging hinaus und schwamm nackt im schwarzen nächtlichen Fluß. Lag auf dem Rücken und beobachtete, wie die Morgenröte geheimnisvoll grün über den verzauberten Himmel flackerte.

Die Nacht war heiß und lag sehr weich auf der Haut. Die Insekten schienen größtenteils verschwunden zu sein. Sie schlief im Gras ein und träumte, daß Schweinchen Dick und Schweinchen Schlau in einem Butterfaß einen Hügel herab auf sie zurollten.

»Wir fressen sie«, sagte Schweinchen Dick. »Wir fressen ihre Brüste ab.«

»Paß bloß auf«, sagte Schweinchen Schlau. »Paß bloß auf, sonst frißt sie uns zuerst. Laß uns wegrennen.«

Sie erwachte steif und kalt und schuldbewußt. Sie tapste nach oben und blies die Lampen aus. Der Bär war fort. Es kam ihr menschlich und vertraut und besonnen vor, daß er selbständig für sich sorgte, wenn es an der Zeit war. Als sie ins Bett ging, fand sie ihn an seinem angestammten Platz. Es war zu heiß, um mit ihm zu schlafen.

19

Sie wußte nun, daß sie ihn liebte. Sie liebte ihn mit einer solchen Unbändigkeit, daß sich der Rest der Welt bis auf die Landschaft, die um sie herum neutral bestehen blieb und ihre eigenen Sommerwetterorgasmen feierte, in einen zähen, bedeutungslosen Klumpen verwandelt hatte. Wenn keine Motorboote da waren, schwamm sie zusammen mit dem Bären, schwamm stundenlang, besprizte ihn und fischte hübsche Steine vom Grund, die er würdevoll entgegennahm und vor seine kurzsichtigen Augen hielt. Am Ufer warf er ihr Kiefernzapfen zu. Im Bootshaus fand sie einen Ball. Sie saßen mit gespreizten Beinen im Gras und rollten ihn zwischen sich hin und her. Sie versuchte es mit Werfen, aber er schien Angst zu haben, ihn nicht fangen zu können, deshalb rollten sie ihn feierlich hin und her, Stunde um Stunde, so schien es ihr. Schwammen wieder. Spielten Robbenspiele. Er schwamm unter sie und blies Blasen an ihre Brüste. Sie spreizte die Beine, um sie zu fangen.

Sie wußte nun, daß sie ihn liebte, ihn mit einer reinen Leidenschaft liebte, die sie nie zuvor empfunden hatte. Einmal war für kurze Zeit ein eleganter und charmanter Mann ihr Liebhaber gewesen, aber sie hatte sich nicht wohlgefühlt, wenn er ihr seine Liebe schwor, hatte gespürt, daß es etwas bedeutete, was sie nicht verstand, und tatsächlich bedeutete es, so fand sie heraus, daß er sie liebte, solange die Socken gefaltet waren und sie auf Verlangen zu seiner Verfügung stand; wenn das Essen ausgezeichnet war und sie nicht ihre Tage hatte; wenn der Wein ihre Zunge nicht löste, wenn das Olivenöl auf ihrem Bauch keine Falten machte. Als er sie wegen einer anderen verließ, die kleiner und adretter und vitaler war und seine Forderungen gefügiger erfüllte, hatte sie Steine an die Fenster der beiden geworfen, mit Kreide Obszönitäten an die Wände ihres Hauses geschrieben, hatte sich mit der zwanghaften Vorstellung gequält, wie attraktiv wohl die Möse der Jüngeren war (er hatte Lou zu einer Abtreibung gezwungen), hatte sich in ihren Namen verbissen (obwohl sie die andere erst nach Jahren kennenlernte und feststellte, daß sie völlig unscheinbar war), hatte Anagramme aus dem Namen der Rivalin in ihren Arm geritzt, hatte sich mit einem Wort selbst darüber gewundert, welch intensiven, leidenschaftlichen Schmerz sie über den Verlust eines Mannes empfand, der im Grunde unbedeutend und einseitig fordernd war.

Eine Woche lang hatte sie den Direktor geliebt.

Vielleicht sogar länger. Sicherlich hatte sie das Bedürfnis nach einer sexuellen Beziehung gehabt. Gurken waren ihr zu kalt, das hatte sie herausgefunden, als sie die in *Lysistrata* angesprochenen Möglichkeiten ausprobierte. Frauen hinterließen in ihr die Lust auf Männer. Der Direktor teilte ihre Interessen, war charmant und tüchtig; sie hatten viel gemeinsam, wenn sie auf Molesworth-Landkarten und handgeschriebenen Genealogien vögelten: aber Liebe war nicht im Spiel.

Sie liebte den Bären. Sie empfand ihn als weise, bereit, sie anzunehmen. Manchmal fühlte sie, daß er Gott war. Er diente ihr. Solange sie morgens ihren Kot neben ihm ablegte, war er bereit, wann immer sie die Beine für ihn spreizte. Er war ungestüm und zärtlich, unermüdlich, geduldig und, wie ihr schien, unendlich gütig.

Sie liebte den Bären. In ihm war eine Tiefe, die sie nicht erreichen, nicht ausloten, nicht mit ihren Intellektuellenfingern zerstören konnte. Sie lag auf seinem Bauch, er kratzte sie sanft mit seinen Klauen; ihre Zunge berührte seine Zunge und genoß deren Fleischigkeit. Sie erforschte sein Zahnfleisch und seine Zähne, die beinahe Fänge waren. Sie schob mit den Fingern seine schwarzen Lippen zurück und fuhr mit ihrer Zunge an den Rändern seines Zahnfleisches entlang.

Ein einziges Mal rief sie ihn versuchsweise »Trelawny«, aber der Name löste kein Echo in ihm aus, und ihr wurde klar, daß sie unrecht hatte: dies war kein schmarotzender Sammler von Erinnerungen, dies war kein Pirat, dies war ein gewaltiges, lebendiges Geschöpf, größer und älter und weiser als die Zeit, ein Geschöpf, das für einen kurzen Moment ihr Geschöpf war, das jedoch nur ein anderer in seine ureigene Welt, seine ureigene Weisheit zurückversetzen konnte.

Sie arbeitete immer noch. Oben. Langsam. *In Neufundland sammeln die Fischer,* so las sie in einer von Carys Notizen, *die Knochen der Bärenpenisse im Wald und schlagen sie als Kleiderhaken in die Wände ihrer Hütten.* Sein Schwanz war dick, geschützt, verborgen in seiner Hülle. Sie ließ sich auf die Knie nieder und spielte damit, aber er richtete sich nicht auf. Auch gut, dachte sie, der Sommer ist noch nicht vorüber.

Dann entdeckte sie eine ungeheuer wertvolle frühe Ausgabe von Bewicks *Natural History* und fühlte sich gerechtfertigt.

Vertraut und intensiv war ihr gemeinsames Leben. Sie wußte, daß ihr Fleisch, ihr Haar, ihre Zähne und ihre Fingernägel nach Bär rochen, und sie empfand diesen Geruch als köstlich.

»Bär«, sagte sie zuweilen, um ihn zu versuchen. »Ich bin nur eine Menschenfrau. Zerfetze meine dünne Haut mit deinen rasselnden Klauen. Ich bin zerbrechlich. Es ist leicht für dich. Reiß mein Herz heraus wie eine Made unter einem Baumstumpf. Reiß mir den Kopf ab, mein Bär.«

Doch er war gut zu ihr. Er grunzte, saß ihr gegenüber und grinste. Legte einmal beinahe liebevoll eine sanfte Tatze auf ihre bloße Schulter.

Sie fuhr nur noch so selten wie möglich zu Homer, und nur nach dem Schwimmen, damit man den Bären nicht an ihr roch. Sie kaufte mehr Lebensmittel als vorher. Wenn sie für sich kochte, kochte sie auch für den Bären, und dann saß er neben ihr auf der Hintertreppe, und manchmal nahm er seinen Teller und leckte ihn ab.

»Ich frage mich«, schrieb der Direktor, »ob diese Bibliothek, wie Sie sagen, wirklich so viel hergibt, daß der Zeitaufwand gerechtfertigt ist.«

Los, fick ein Buch, wollte sie ihm antworten.

Sie lebte jetzt intensiv und ausschließlich für den Bären. Sie gingen gemeinsam in den Wald, um Beeren zu sammeln. Gierig schaufelte er sich die reifen Himbeeren ins Maul. Ihre verwahrte sie wie weiche Juwelen in einem alten Beehive-Honigeimer mit Kordelgriff, den sie im Schuppen gefunden hatte. Sie wünschte, er würde einen Bienenbaum entdecken, sie wollte sehen, wie er sich gierig zwischen die Bienen stürzte, aber er fand nur Würmer und Maden unter morschen Baumstümpfen. Sie fand wilden Spargel, nicht dicker als Wachslilienstengel, und kochte ihn, und er schmeckte ihr ausgezeichnet.

Eines Morgens ließ sie sich auf alle Viere nieder, und sie teilten ihre Cornflakes mit Milchpulver und

Himbeeren. Ihre fremden Zungen trafen sich, und sie erschauerte.

Es wurde sehr heiß. Er lag hechelnd in seiner Hütte. Sie lag auf ihrem Bett und begehrte ihn, aber es war nicht seine Zeit. Sie dachte an ihr Jahr als Geliebte, wie sie darauf gewartet hatte, daß ihr anspruchsvoller Mann nach Hause kam, hungrig nicht auf sie, sondern auf ein *steak au poivre,* und wie sie sich immer nachmittags nach ihm gesehnt hatte, jedoch nie wagte zu fragen. Es hätte vielleicht anders sein können, aber...

Draußen auf dem Fluß surrten die Wasserskiläufer wie riesige Libellen. Es war zu heiß, um zu arbeiten. Hechelnd und nackt lag sie da und wollte bei ihrem Geliebten sein, wollte ihm ihre beiden Brüste und ihren Schoß darbieten und glaubte beinahe daran, daß er sie mit dem heldischen Zwillingspaar schwängern könnte, das ihren Stamm retten würde. Aber sie mußte bis zum Anbruch der Nacht warten, bevor sie ihn gefahrlos treffen konnte.

Es war die Nacht der Sternschnuppen. Sie brachte ihn zum Flußufer. Sie schwammen in dem stillen, schwarzen Wasser. Sie spielten nicht. In dieser Nacht waren sie ernst. Sehr feierlich schwammen sie in Kreisen umeinander. Dann kehrten sie zum Ufer zurück, und anstatt sich über ihr zu schütteln, legte er sich neben sie und leckte das Wasser von ihrem Körper, während sie auf dem Rücken lag und die Sterne fallen ließ, einen, zwei, vierzehn, eine Million, es kam ihr vor, als fielen sie auf sie und würden sie verbrennen. Einmal reckte sie den Arm empor zu einer Sternschnuppe, die ganz nah zu sein schien, aber ihr Glanz zerrann unter ihrem Griff, verlor sich in der Milchstraße.

Seetaucher riefen, und Ziegenmelker.

Sie setzte sich auf. Der Bär saß ihr gegenüber. Auf Knien rutschte sie zu ihm. Als sie nahe genug war, um seinen nassen Firnis an ihren Brüsten zu spüren, bestieg sie ihn. Nichts geschah. Er konnte nicht in sie eindringen, und sie konnte ihn nicht in sich holen.

Sie wandte sich ab. Er saß ziemlich ungerührt da. Sie führte ihn zu seinem Gehege und schickte ihn schlafen.

Sie zog sich an und blieb den Rest der Nacht im rauhen Sumpfgras liegen. Die Sterne fielen weiter. Stets außer Reichweite. Als es dämmerte, überzog sich der Himmel mit einer fernen, geheimnisvollen, grün flackernden Morgenröte.

Am nächsten Tag fühlte sie sich ruhelos, schuldig. Sie hatte ein Tabu gebrochen. Sie hatte etwas verändert. Etwas an ihrer Liebe war jetzt anders. Sie war ihm gegenüber zu weit gegangen. Es gab eine aggressive Seite in ihr, die sie veranlaßte, immer zu weit zu gehen. Einmal hatte sie ein Onyx-Ei gegen das Fenster ihres Liebhabers geschleudert, ein grünes Ei, das ihr besonders kostbar war. Sie war zu lange in diesem Haus geblieben. Sie hatte mit dem Direktor gevögelt. Sie hatte vor Homer ihre Brüste heraushängen lassen. Sie war zu weit gegangen. Sie würde zweifellos ihre Kinder vernachlässigen.

Sie ging nach oben und stellte fest, wie wenig noch zu tun übrig blieb. Sie ging nach unten und masturbierte. Sie fühlte sich leer und war wütend, eine Frau, die nach Sodomie stank. Eine Frau, die nichts begriff, die keiner brauchte, die keine Aufgabe hatte.

Sie ging hinunter zum Boot und raste wie all die anderen motorisierten Vollidioten über den Fluß, wich den Untiefen nur um Haaresbreite aus und bolzte im offenen Wasser ungerührt durch die Wellen. Doch die Flußarme waren beide sehr ruhig, und sie sah nichts, außer dem roten Ast eines Ahornbaumes. Da wollte sie sterben.

Sie ging ohne Abendessen und ohne den Bären zu füttern ins Bett. In ihrem Traum ließen sich grüne Männchen vom Wind heruntergleiten und verlangten, Teile ihres Körpers zu essen. »Das ist meins! Das ist meins! Nein, das Stück ist zu alt. Das ist zu verbraucht. Sie hat Haare auf der Brust. Schafft sie fort.«

Die Pferde, die den Sonnenwagen zogen, hielten an und scharrten mit den Hufen. Der Wagenlenker trieb sie mit der Peitsche an. »Nicht Schnee, nicht Wind, nicht Regen«, brabbelte er ihnen zu. »Hü, Tarzan, beweg dich, Tony, Tag ist's, Spaß gibt's, sputet euch, Kameraden.« Als er den Klumpen Fleisch sah, vor dem sie scheuten, lenkte er seine messerscharfen Räder in eine andere Richtung, und es wurde nicht Tag an jenem Ort.

Sie wußte, daß sie sich verstecken mußte, aber es

gab keine Höhle, keinen Bären. Sie kühlte sich im Wasser, sie rollte sich zusammen und wieder auseinander, sie krümmte und streckte sich, denn sie wußte, daß sie einst aus dem Wasser gekommen war. Sie saugte an ihren Zehen und Fingern und tat so, als würde sie gerade geboren. Die Wellen nuckelten stetig am Ufer.

»Es war nicht gerade sehr geistreich«, sagte der Teufel in jener Nacht, »mit einem abgehalfterten alten Haustier Sodomie zu treiben. Tja, ein Gürteltier wäre zumindest originell gewesen; eine größere Herausforderung. An und für sich ist Sodomie in Ordnung, aber du mußt stilvoll dabei vorgehen. Du hast nie im Leben etwas wirklich mit Stil gemacht, stimmt's? Du bist bloß ein altes Waschweib, du hast keine Persönlichkeit, keinen Charme. Als dein Liebhaber mit diesem kleinen Grünschnabel durchgebrannt ist, hast du die größten Allgemeinplätze der Welt von dir gegeben und wie ein Kind die Bürgersteige bekritzelt, anstatt zu verkünden, daß er sowieso kein toller Fang war. Dann hast du deinem Chef nachgestellt – was auch nicht gerade von großem Einfallsreichtum zeugt, das ist dir doch hoffentlich klar – und hast aufgepaßt, daß er dich wenigstens nicht auf den wertvollsten Karten vögelte. Dir fehlt der Stolz, dir fehlt das Gespür für dich selbst. Irgendein scheußlicher Schneemensch, das wäre raffiniert gewesen, oder du hättest auch etwas Kultivierteres ausprobieren können, zum Beispiel irgendeine interessante Wasserrattenart. Den Penisknochen der Lemminge, mußt du wissen, kann man nur unter einem Vergrößerungsglas erkennen. In der Arktis gibt es einen Priester, der hat eine Kollektion von den Dingern; ich hätte dir davon erzählen können, aber du hörst ja nicht zu. Der Ärger mit euch Mädchen aus Ontario ist, daß ihr es nie zu einem Hauch Weltgeist bringt. Du machst dir etwas vor mit diesem Bären; er ist ungefähr so interessant wie eine Ottomane: eben so interessant wie du. Sei jetzt ein braves Mädchen und verschwinde. Die Sterne werden nie bis in deine Reichweite fallen.«

Der Bär kam zu ihr. Sein Atem war unendlich schwer und sanft. Sie begriff, daß er über sie wachte. Es war Morgen. Er mußte hungrig sein. Langsam und schwerfällig stand sie auf und öffnete für sie beide eine Büchse Bohnen. Sie aßen sie kalt.

20

Sie betrachtete sich im Pfeilerspiegel des weiblichen Colonel. Ihr Haar und ihre Augen waren wild. Ihre Haut war braun, ihr Körper verändert, und ihr Gesicht nicht mehr das Gesicht von früher. Sie hatte Angst vor sich selbst.

Sie machte Wasser heiß und wusch ihr Haar und ihr Gesicht im Eimer. Sie putzte sich die Zähne und würgte, als sie die Zahnpasta schmeckte. Sie fand einen Lippenstift und einen Kamm und irgend etwas, das sie auf ihre Augen schmieren konnte. Sie fand ein sauberes kariertes Hemd.

Sie stieg ins Motorboot und fuhr zur Marina. Babs stand hinter dem Ladentisch.

»Wo ist Homer?« fragte sie.

»Oben im Sägewerk, erste Straße nach den Wasserfällen. Rechts«, sagte Babs, ohne sie eines weiteren Blickes zu würdigen.

Sie fuhr in die Stadt und kaufte Whisky. Homer war bei dem stillgelegten Sägewerk und belud seinen

Lastwagen mit Feuerholz, das er an seine Camper verkaufen wollte.

»Hallo.«

»Lange nicht gesehen.«

»War in einer Art Arbeitsrausch.«

»Dachte, Sie hätten 'nen Buschkoller gekriegt.«

»Ich habe Ihnen was zu trinken mitgebracht.«

Er grinste. »Becher?«

»Ich hab einen im Handschuhfach.«

»Ich auch.«

Sie setzten sich nebeneinander auf einen Balken und fingen an, den Whisky pur zu trinken. Sie tranken jeder gleich viel. Er fackelte nicht lange. Als die Flasche halb leer war, faßte er sie am Ärmel und führte sie in eine verfallene Baracke. Machte seinen Gürtel auf. Und sie ihren. Halb ausgezogen standen sie voreinander. Er grinste. »Ohne kommen wir auch nicht lange aus, stimmt's?«

Es gab keinerlei Vorspiel. Er hatte einen guten, langen Schwanz, der sich sehr fremd und nackt anfühlte, und er wußte damit umzugehen. Er hatte eine Art, sich zurückzuziehen und von neuem zu beginnen, die anders war als alles, was sie bisher kannte. Er erregte sie. Und es tat gut, daß die ungeheure Leere gefüllt wurde, aber sie empfand nichts für ihn, absolut nichts.

Als er fertig war, bedankte er sich. Dann zogen sie sich an.

»Sie können den Rest der Flasche behalten«, sagte sie.

»Nein, Sie. Ich kriege leichter neuen.«

»Gut, in Ordnung. Sie können ja mal auf einen Schluck vorbeikommen.«

»Mach ich bestimmt. Danke.«

Sie fuhr nach Hause und weinte. Dann ging sie nach oben und versuchte, wieder zu arbeiten. In dieser reichbestückten Bibliothek mußte es doch etwas geben wie eine kommentierte Anleitung, »So schlägt man sich durch den Busch«, oder ein Journal zu dem Thema. Etwas, in dem mehr stand als Rezepte für Himbeersaft.

Pelzlein, du mein Vielgeliebter,
Schönster mit der Honigtatze!
Sei umsonst nicht voller Ärger,
Hab dich, Lieber, nicht gefället,
Selber sankst vom krummen Baume,
Glittst du von des Astes Kante...
Lauf auf deinen leichten Schuhen,
Blaugestrümpfter, eile vorwärts,
Fort aus diesen kleinen Räumen,
Von den gar zu engen Pfaden
Zu dem Haufen starker Helden,
Zu der großen Schar der Männer!
Nicht wird man dich schlecht behandeln,
Nicht wirst elend du dort leben,
Honig gibt man dort zu essen,
Frischen Met man dort zu trinken...
                                – Das Kalevala –

»Oh Gott«, weinte sie. »Ich habe nie zu den Frauen gehört, die Ketten aus Tieren, die sich gegenseitig auffressen, um den Hals tragen, wenn sie in die Kirche gehen. Ich will weder meine Fenster mit seinen Gedärmen bespannen noch meinen Rasen mit seinen Schulterblättern mähen. Ich will ihn bloß lieben.« Aber in dieser Nacht roch er Mensch an ihr und wollte nicht zu ihr kommen.

»Die Leute werden hier oben komisch«, sagte Homer, »wenn sie zuviel alleine sind. Zum Beispiel der Colonel, der nach dem ersten Cary Gouverneur wurde. Er erschoß den Mann, der seinen zahmen Biber erschossen hatte. Orville Willis und der Schwede, der für ihn arbeitete, lebten den ganzen Winter in einer Indianerhütte drüben bei Gardners Bucht, schnitten Balken für ein Haus und aßen Steckrüben mit Fisch. Im Frühling fand einer von den Leroys sie im Wald, zusammengerollt wie Hänsel und Gretel, und mausetot. Mrs. Francis, eine Dame aus England, wurde mit ihrer Tochter von ihrem Sohn Ralph, der ein echter Lump war, auf der Farm allein gelassen. Sie bekamen Hunger auf Fleisch und gingen in die Scheune und fingen Schwalben in diesen großen Netzen, die feine Damen früher auf ihren Hüten getragen haben. Sie rupften sie und rösteten sie auf ihren Hutnadeln und sagten, sie wären ziemlich gut. Hier in der Gegend wachsen viele wilde Haselsträucher, das ist auch was Feines. Noch einen?«

Sie saß mit übereinandergeschlagenen Beinen ein Stück von ihm entfernt. Er rückte näher.

»Sie stinken nach Bär«, sagte er.

»Das glaube ich Ihnen. Wenn man mit ihm zusammenlebt, bleibt einem nichts anderes übrig, als ganz eng mit ihm zusammenzuleben.« Sie starrte Homers unbehaarte Ohren an und dachte an seinen unbehaarten Körper. Schüttelte sich.

»Die Leute werden komisch, wenn sie zuviel allein sind.«

»Ich habe genug zu tun.«

»Was wollen sie überhaupt mit dem Haus hier anfangen?«

»Vielleicht für Tagungen benutzen.«

»Nicht genug Platz. Höchstens vier Übernachtungsmöglichkeiten.«

»Ich weiß es nicht«, sagte sie ungeduldig. »Ich weiß es nicht. Ich muß einen Bericht darüber machen. Ich weiß nicht, was ich schreiben soll.«

»Die bauen es eher in eine Ferienvilla für große Tiere von der Regierung um, die hier angeln gehen wollen.«

»Werden Sie und Joe sich auch weiter um alles hier kümmern?«

»Klar, bringt Kohle.«

Als die Flasche leer war, ging sie mit ihm hinaus zum Boot. Er gab ihr einen Stapel Post. Die Luft war kühl.

»Der Herbst kommt«, sagte er. »Sie fahren bald ab.«

»Bald, Homer.«

»Joe hat gesagt, daß er bald wegen dem Bären vorbeikommt. Der alten Mrs. Leroy geht's nicht so besonders. Die letzte Ölung steht bei denen jetzt quasi die ganze Zeit auf dem Kaffeetisch. Sie will den Bären sehen, bevor sie geht. Joe sagt, er hat neulich abend mal ausgerechnet, daß sie ungefähr hundertvier Jahre alt sein muß.«

»Gesundes Klima, Homer.«

»War immer schön in den alten Zeiten, als die Begräbnisse alle noch mit Booten stattfanden.«

»Das war's bestimmt, Homer.«

Er fuhr ab.

21

Nach Labour Day verschwanden auf wundersame Weise die Motorboote. Das Wasser wurde wieder kälter, aber um die Mittagszeit konnten sie und der Bär wie Ottern im Wasser spielen. Nach dem Bad wickelte sie sich auf der Böschung in ihren Bademantel.

Sie verspürte den Drang, Vorräte einzumachen. Kein Problem, es gab genügend Gefäße im Keller, grünliche alte Einmachgläser, die trotz ihrer rostigen Metalldeckel und ausgeleierten Gummiringe in den idiotischen Antiquitätenläden heute ein Vermögen kosteten. Aber ihr Garten war ein Reinfall, und so verbrachte sie faule Nachmittage mit dem Bären in der Sonne und dachte daran, was sie zu tun hätte, wenn sie den ganzen Winter mit ihm verbringen würde, versetzte sich zurück in eine primitive ländliche Vergangenheit, die nicht mehr wirklich zu erfassen war, erinnerte sich an den gärigen Geschmack frischer Buttermilch, an die milchige Wärme von süßem Maisbrei, daran, wie eine ihrer Tanten aus Schinkenschmalz und Lauge Seife machte, und wie sie einmal die europäischen Rüschenhemden des Lohnarbeiters mit dem Bügeleisen verbrannte, obwohl es doch schon gezischt hatte, als sie darauf spuckte.

Sie war träge und verwahrlost. Ihre Nägel waren abgebrochen. In pompöser Trägheit saßen sie und der Bär auf der Wiese. Abends faulenzten sie am Kamin.

Bär und Frau am Feuer. Jeder in seiner Haut. Sein dickes Fell wieder über sie streichend, ihre Hände in seinem Pelz. Sein Geruch jetzt Labsal für sie.

Nacht und Stille. In der Ferne dröhnten die letzten Dampfer über den Fluß. Einmal landete ein Funke von einem Birkenholzscheit in seinem Pelz. Es roch nach verbrannten Federn, bis sie die Stelle ausleckte.

Er war jetzt langsamer. Verlor seine Unermüdlichkeit. Er fraß große Mengen. Sie wußte, daß er in seinem After für den Winterschlaf einen Fettpfropfen anlegte. Inzwischen war sie fast – oh nein, ganz, ganz und gar – fertig mit ihrer Arbeit.

Ohne seinen Pelz in ihrer Nähe fror sie. Sie schlängelte sich immer dichter an ihn heran. Bis er sie umfaße. Er bewegte ein Bein und brach ihr beinahe den Arm. Sie hatte vergessen, wie schwer er war.

»Jetzt ist Schluß«, befahl sie. »Schluß jetzt. Du mußt zurück an deinen Platz, und ich an meinen.« Sie setzte sich auf und zog ihren Pullover an.

Er saß ihr gegenüber, rieb sich die Nase mit der

Pfote und sah verwirrt aus. Dann schaute er an sich herab. Auch sie sah hin. Langsam, majestätisch richtete sich sein großer Schwanz auf. Er war nicht tulpenförmig wie der eines Mannes. Er war rot, spitz und beeindruckend. Sie sah ihn an. Er bewegte sich nicht. Sie zog ihren Pullover aus und ließ sich vor ihm auf alle Viere nieder, in die Tierstellung.

Er streckte seine große Tatze aus und zerfetzte die Haut auf ihrem Rücken.

Zunächst empfand sie keinen Schmerz. Sie machte nur einen Satz von ihm fort. Wandte sich um und blickte ihn an. Seine Erektion war verschwunden, und er saß in unveränderter Haltung da. Sie konnte nichts, gar nichts in seinem Gesicht entdecken, was ihr geholfen hätte zu entscheiden, was sie tun sollte.

Dann fühlte sie, wie Blut ihren Rücken hinunterlief, und wußte, daß sie fortlaufen mußte.

»Raus!« brüllte sie und zog ihren Pullover an, um – ja, damit er sie wärmte, bedeckte, das Blut aufsaugte. »Raus.« Sie zog einen Stock aus dem Feuer und fuchtelte damit vor ihm herum. »Raus. Husch. Zeit zum Schlafen. Geh.«

Langsam und bedächtig erhob er sich auf alle Viere und watschelte die Treppe hinunter.

Sie stellte den Kaminschirm vor das Feuer. Zog ihre Jeans an. Blies die Tilley-Lampe aus. Nahm ihre Zigaretten und folgte ihm die Stufen hinunter. Er warf etwas um in der Küche. Er riecht mein Blut, er will mich jetzt sicher haben, dachte sie.

»Geh«, schrie sie. Hastig lief er durch die Hintertür. Sie ging, so aufrecht sie konnte, zur Tür und verriegelte sie, und fiel dann zitternd ins Bett.

Als sie erwachte, war es schon hell. Sie brannte. Sie wußte, was passiert war. Sie war zu lange in der Sonne geblieben, es mußte der 2. Juli sein, und ihre Mutter hatte dieses Zeug auf ihren Rücken geschmiert, das wie Gummilösung war, und sie klebte an den Laken fest und hatte Schüttelfrost wegen des Sonnenstichs. Sie würde jetzt Fieber bekommen und sich oft übergeben, und man würde ihr sagen, daß bei ihr immer alles extreme Formen annehme. Sie mußte sich bloß noch schnell von den Laken losreißen, um es hinter sich zu bringen.

Sie kämpfte. Sie kam nicht los. Irgend etwas war anders. Sie versuchte, einen Arm zu heben. Schmerz schrie in ihr auf. Er klang ihr in den Ohren. Sie erinnerte sich.

Oh Gott, ich bin ein Narr, ein Narr, ein N...

Es war Tag. Das Licht strömte herein. Sie lag im hellen Tageslicht ans Bett gefesselt. Unfähig, ihren linken Arm zu heben. Etwas war geschehen. Das.

Oh Herr, erbarme dich unser.

Der Raum, in dem sie lag, war schmutzig. Ihre Hände waren schmutzig. Wie lange habe ich so dagelegen? fragte sie sich, und wo ist er? Hat er Hunger? Ist es schon Herbst? Schläft er schon?

Sie bewegte ihre Beine. Gut. Sie merkte, daß sie angezogen war. Sie konnte den Kopf bewegen, den rechten Arm und jetzt, langsam, den linken. Oh Jesus und John Wesley, es tut so weh. Ich habe kalte

Hände, ich habe einen heißen Kopf. Ich muß aufstehen.

Sie merkte, daß sie sich aus dem Bett rollen konnte. Sie merkte, daß sie stehen konnte. Sie ging in die Küche und merkte, daß sie gehen konnte. Trinken. Aspirin nehmen.

Er hat mich zerfetzt, dachte sie. Das wolltest du doch, du dekadente kleine Stadtnutte.

Sie lehnte sich an den Küchentisch und dachte darüber nach, was zu tun war. Dann ging sie durch die Vordertür hinaus und legte sich mit Kleidern in den Fluß, bis sie spürte, wie sich der Pullover von ihrer geschundenen Haut löste.

Sie versuchte, sich daran zu erinnern, was geschehen war. Sie erinnerte sich daran, wie er sich neben ihr aufrichtete, und an seine eine Bewegung, die dann folgte. Ihre Schreie. Ihre Flucht. Hatte sie töricht gehandelt? Oh nein. Wenn genug wildes Tier in ihm übrig war, um so etwas zu tun, dann hätte das Blut...

Das Wasser war eiskalt. Sie stand auf und rannte ins Haus. Schälte sich aus ihren Hosen und, unter größten Schwierigkeiten, aus ihrem Pullover. Betrachtete sich einmal mehr in dem großen ovalen Pfeilerspiegel.

Sie hatte sich verändert. Sie schien den Körper einer viel jüngeren Frau zu haben. Das Sitzfett war verschwunden, man konnte die Rippen sehen. Langsam drehte sie sich um und betrachtete über die Schulter hinweg ihren Rücken im Spiegel: ein langer roter Streifen geronnenen Blutes zeichnete sie von der Schulter bis zum Gesäß. Der wird mir erhalten bleiben, dachte sie. Und es ist kein Kainsmal.

Sie ging in die Küche, um ein Unterhemd in Desinfektionsmittel einzuweichen. Schlang es sich für eine Weile um die Schultern. Zog sich an und begann langsam, Frühstück zu machen.

Als sie nach draußen ging, erwartete der Bär sie voller Spannung. Sie reichte ihm den Napf. Ruhig saßen sie beieinander. Sie zitterte vor Kälte. Es lag ein Hauch von Frost in der Luft. Er rückte etwas näher an sie heran.

Oben lag er friedlich da und beobachtete das Spiel der Flammen, während sie an ihrem Schreibtisch saß und die Post las, die Homer ihr am Tag zuvor gebracht hatte. »Times Literary Supplement«, die Ausgaben eines ganzen Sommers, in denen es von Stellenangeboten für Archivare nur so wimmelte, eine Reihe wütender Briefe vom Direktor (fühlte er sich sexuell vernachlässigt?), ein Brief von ihrer Schwester, in dem Dinge berichtet wurden, die nur für Mütter von Interesse sind, die aber trotzdem danach schreien, berichtet zu werden.

Sie saß eine Weile neben dem Bären und las. In der vergangenen Nacht hatte sie gefürchtet, er würde sie noch mehr verletzen, wenn er Blut an ihr roch, aber heute war er etwas anderes für sie: Geliebter, Gott oder Freund. Auch Hund, denn wenn sie die Hand ausstreckte, leckte er sie und schmiegte seine Schnauze hinein.

Trotzdem, etwas zwischen ihnen war verschwunden: die intensive, vibrierende Gemeinschaft, die sie den Sommer hindurch gebildet hatten. Wenn sie aus dem Fenster blickte, sah sie, wie sich die Birken gelb färbten und daß die Bäume bereits erste Blätter verloren.

Systematisch begann sie, ihre Bücher und Papiere einzupacken. Wenn sie damit fertig war, wollte sie anfangen, das Haus zu putzen.

22

Als sie in jener Nacht angezogen dicht neben ihm am Feuer lag, war sie ein Säugling, ein Kind, eine Unschuldige. Draußen, die durchdringenden Rufe der Seetaucher, galten ihr. Die Schilfgräser rieben sich aneinander und sangen ihr ein Lied. In seinem pelzigen Schoß lag sie geborgen wie in einem Korb und wurde von kleinen Wellen liebkost. Der Atem freundlicher wilder Tiere schwebte über ihr. Sie empfand Schmerz, aber es war ein inniger, süßer Schmerz, der nicht Teil psychischen Leidens, sondern Teil der Erde selbst war. Sie roch Moos und die frischen Blumen des Nordens. Ihre Haut war Seide, und die Luft um sie her war Samt. Die Kiesel im nächtlichen Wasser glitzerten in einer Schönheit, die ihrem ureigenen Wert und nicht den Maßstäben eines Juweliers entsprach. Sie lag bei ihm, bis die Morgenvögel zu singen begannen.

Was von ihm auf sie übergegangen war, wußte sie nicht. Mit Sicherheit war es weder der Samen, mit dem Helden gezeugt werden, noch Magie oder irgendeine verblüffende Tugend, denn sie hörte nicht auf, sie selbst zu sein. Aber einen jähen, bizarren Augenblick lang hatte sie mit den Poren und den Geschmacksknospen ihres Mundes erfühlen können, daß sie den Sinn der Welt kannte. Sie hatte nicht das Gefühl, endlich Mensch geworden zu sein, sondern endlich rein geworden zu sein. Rein und einfach und stolz.

Sie ging hinunter ans Ufer und beobachtete das Wunder der Morgenröte. Sie ahnte, wie die düsteren Hechte durchs Schilf glitten, wo sie hingehörten. Sie beobachtete, wie sich die letzten Sommervögel versammelten, und ohne Furcht spürte sie die Augen der Hühnerhabichte auf sich ruhen.

Das Wasser war kalt an ihren Füßen, aber die Luft war köstlich und gnädig. Sie wandte sich um, und auch das weiße Haus hinter ihr stand zerbrechlich und schlicht da: nicht länger ein Symbol, sondern ein in sich geschlossenes Ganzes.

Sie ging hinein und fuhr fort, ihre wohlgeordneten Akten zusammenzupacken.

Später stand ein Mann in einer rotschwarzen Filzjacke an der Hintertür, ein großer Mann mit einem schwarzen Haarschopf. Es war Joe King, Lucy Leroys Neffe. Er wüßte, daß sie bald abfuhr, sagte er, und er und Lucy würden sich im Winter gern um den Bären kümmern.

Also gut, dachte sie, also gut. Es ist soweit. Aber die Zeit scheint auch reif zu sein.

Sie erkundigte sich nach Lucys Gesundheitszustand und erfuhr, daß er unverändert war.

»Sie wird froh sein, ihn zu sehen. Sie hängt wirklich an diesem Bären. Sie sagt, sie hat sonst niemanden zum Reden. Sie hofft, daß Sie mit ihm Freundschaft geschlossen haben.«

»Ich bin oft mit ihm zum Schwimmen gegangen.«

»Er macht einen guten Eindruck.«

»Er wird mir fehlen, aber ich kann ihn wohl schlecht mit nach Toronto nehmen.«

»Wenn wir ihn hier lassen, knallt irgendein gottverdammter Jäger ihn ab.«

»Sie werden ihn doch nicht töten, wenn Lucy geht?«

»Nur, wenn er krank ist. Wir essen keine Bärentatzen mehr. Aber Lucy wird sich das sowieso von uns versprechen lassen. Sie brauchen keine Angst zu haben.«

Sie ging hinaus und legte ihm sanft seine Kette an.

»Lucy sagt, Sie wären gut mit ihm zurecht gekommen«, sagte Joe.

»Oh ja, ich bin gut mit ihm zurecht gekommen. Er ist ein feiner Kerl.«

»Wann fahren Sie nach Toronto zurück?«

»In ein paar Tagen. Ich muß das Haus in anständigem Zustand hinterlassen. Und es gibt noch ein paar letzte Dokumente, derer ich mich annehmen will.«

»Ich kann mir kaum vorstellen, daß sie irgendwelche verborgenen Schätze gefunden haben. Die haben nicht viel Ahnung, solche Leute wie die Carys. Sie waren Touristen.«

»Verglichen mit Ihnen und Lucy.«

Sie begleitete die beiden zum Steg hinunter. Dann lief sie noch einmal hinein und holte die Essensreste für den Bären. Als sie zurückkam, hatte er es sich bereits in dem Motorboot bequem gemacht und schien recht zufrieden. Liebevoll streichelte sie ihm über den Nacken und kraulte seine knorpeligen Ohren.

»Leb wohl«, sagte sie.

Joe warf den Motor an. Der Bär zuckte bei dem Geräusch zusammen, seine Zunge schoß seitlich hervor und er leckte ihr die Hand. Mit einem flüchtigen Gruß legte Joe ab, und sie blieb zurück, stand da und beobachtete, wie der Bär den Fluß hinab verschwand, eine würdevolle, fette alte Frau am Bug des Bootes mit der Nase im Wind. Er blickte nicht zurück. Sie hatte es nicht anders erwartet.

Sie fegte das Haus, packte ihre Sachen und brachte das Gepäck in mehreren Fuhren zu ihrem Auto. Sie gab die Bettwäsche der Carys, einschließlich der blutigen Laken, unter Homers Namen in der Stadt ab. Sie ging zur Bank und holte soviel Geld, daß sie Homers gewaltige Rechnung begleichen konnte.

Sie fuhr zurück und setzte sich in das leere, riesige Haus. Sie hatte seine Geheimnisse nicht entdecken können. Es war ein schönes Gebäude, aber es hatte keine Geheimnisse. Es erzählte lediglich von einer Familie, die nicht wie alle anderen sein wollte und die in erster Linie fürchtete, in der Geschichte verloren zu gehen. Mit ihren feinen Tischen und Samtbehängen und Pfeilerspiegeln hatten die englischen Ehefrauen inmitten dieser indianischen Sommerinseln ihre aristokratische Stellung gehalten.

Ach, und alles das hatte ihnen soviel genützt, dachte sie, wenn sie dann in der Wildnis zugrunde gingen. Colonel Jocelyn war die einzige gewesen, die etwas konnte: einen Luchs gerben.

Oben im Arbeitszimmer nahm sie den Rowlandson-Druck von der Wand: er gehörte zu einer Zeit in ihrem Leben, die längst vergangen war. Sie staubte die Bücher ab und verschloß die Vitrinen. Entgegen den Bestimmungen wickelte sie sowohl die Erstausgabe von *Wacousta* als auch den *Bewick* in Seiten aus dem »Times Literary Supplement« und nahm sie mit. In irgendeinem Winter würden die Motorschlittenfahrer einbrechen. Sie würden das Teleskop stehlen, wegen seiner Messingschrauben, und den Himmels- und den Erdglobus zerschlagen. Na und, sollte die Welt doch zerschlagen werden: das war der Lauf der Dinge. Der Bär war in Sicherheit. Diese beiden Bücher würde sie ebenfalls in Sicherheit bringen.

Was ihre Sammlung mit den Notizen von Cary anging, zögerte sie. Sie gehörten mehr ihr, als dem Institut. Doch schließlich steckte sie alle in einen Umschlag, den sie in eine Schreibtischschublade mit der Beschriftung »Carys Notizen über Bären« legte. Sie würde sie nicht mehr brauchen.

Über der sorgfältigen und gewissenhaften Verrichtung dieser Pflichten lag ein unendlicher Friede. Ihr Häuslein putzt sie blitzeblank, dachte sie.

Sie stand im Krähennest und verabschiedete sich von Carys eindrucksvoller Aussicht. Sie ging zum Bibertümpel, wo sie nie einen Biber gesehen hatte. Die Hühnerhabichte waren fort. Sie betrachtete die traurigen Überreste ihres Gartens. Sie stand im Eingang des alten Bärenstalles und atmete seine scharfen Ausdünstungen tief ein. Wirklich, dachte sie, wirklich.

Es war später Nachmittag, bis sie die Küche, in der sie einen sauberen Tisch und für Durchreisende ein paar Konserven hinterließ, geputzt und ihre letzten Sachen zum Boot getragen hatte. Der Fluß war bewegt, denn es wehte ein frischer Herbstwind. Sie fuhr langsam den Fluß hinunter. Sie hatte ein Gefühl von großer Zärtlichkeit und Ruhe. Sie erinnerte sich der Abende, an denen sie vor dem Feuer gesessen hatten, den Kopf des Bären in ihrem Schoß. Sie erinnerte sich der Nacht, in der die Sterne auf ihren Körper fielen und brannten und brannten. Sie erinnerte sich an ein Gefühl von Schuld und an einen Traum, in dem ihre Mutter sie dazu zwang, Entschuldigungsbriefe an die Indianer zu schreiben, weil sie sich mit einem Bären eingelassen hatte, und sie erinnerte sich an die Klauen, die sie von Schuld erlöst hatten. Sie fühlte sich stark und rein.

Sie gab die Schlüssel bei Homer ab und trank mit ihm am Ladentisch, wo Babs sie nicht sehen konnte, einen Abschiedsschluck. Er versprach, die Fensterläden einzuhängen und im Winter nach dem Haus zu sehen und dem Institut die Rechnung dafür zu schicken.

»Lucy wird glücklich sterben, jetzt, wo sie den Bären wieder hat«, sagte er.

»Er ist ein guter Bär.«

»Schon möglich. Ich kann nichts dazu sagen.«

Sie dachte an die merkwürdige Furche in Homers oberer Gebißhälfte, die sie gespürt hatte, als sie mit ihm schlief.

»Also, auf Wiedersehen.« Sie schüttelte ihm die Hand. »Danke für alles. Aus dem Garten hab ich nicht viel machen können.«

»Sie haben's ganz gut hingekriegt. Kommen Sie mal wieder rauf?«

»Ich glaube nicht. Es könnte sein, daß ich die Stellung wechsle. Es ist Zeit weiterzuziehen.«

»Kommen Sie in den Ferien. Ich gebe Ihnen einen Spezialpreis für einen Zeltplatz.«

»Danke, Homer.«

Sie nahm den Umweg über die Landstraße in Kauf und fuhr die ganze Nacht Richtung Süden. Sie trug einen dicken Pullover und fuhr mit offenen Fenstern, bis der Geruch des Landes aufhörte, Geruch nach Wasser und Bäumen zu sein und überging in Geruch nach Stadt und Benzin. Es war eine strahlende Nacht, sternüberglänzt, und am Himmel über ihr begleiteten sie der Große Bär und seine siebenunddreißigtausend Jungfrauen.

Helke Sander
Die Geschichten der drei Damen K.

160 Seiten, DM 20,-

»Die Geschichten der Drei Damen K. sind für mich das überraschendste Prosadebut dieses Jahres ... Selten habe ich Geschichten kennengelernt, in denen die Männer dermaßen demaskiert und die Verhältnisse zwischen den Geschlechtern so radikal entblößt werden. Das ist spannend zu lesen, obgleich diese Erzählungen nüchtern sind, sie stecken voller Erläuterungen, Hinweise und Kommentare. Aber noch in diesen Kommentaren vibriert das Temperament einer wirklichen Erzählerin.« <u>Die Zeit</u>

Frauenbuchverlag
Georgenstr. 123 · 8000 München 40